CREACIÓN DE MODELOS DE NEGOCIO DE ÉXITO BASADOS EN BLOCKCHAIN

Forma parte de la Nueva Revolución
basada en la Cadena de Bloques

BERT LANGA

Copyright © 2018 Bert Langa

Todos los derechos reservados.

ISBN: 9781718053373

DEDICATORIA

A mi familia.

CONTENIDO

Blockchain: la cuarta Revolución Industrial	4
Una visión práctica de Blockchain	9
Perspectivas de evolución de Blockchain	31
Diseño de modelos de negocio con Canvas	38
Modelos de negocio de alto potencial	57
Recomendaciones para la creación de modelos de negocio	61
Caso práctico: Nuevo modelo de negocio basado en Blockchain	64
Conclusiones y cierre	72
Acerca del Autor	73

AGRADECIMIENTOS

A mi familia.

BLOCKCHAIN: LA CUARTA REVOLUCIÓN INDUSTRIAL

En primer lugar, quería darte las gracias por comprar este libro. Mi nombre es Bert, y soy un inversor privado con experiencia en la creación de modelos de negocio disruptivos basados en las nuevas tendencias tecnológicas. Durante los últimos quince años, me he dedicado principalmente a innovar modelos de negocio de compañías cotizadas y a ayudar a startups tecnológicas para que se muevan de la etapa de inversión inicial a la de crecimiento.

Antes de hablar de Blockchain, me gustaría hacer contigo un breve repaso de la evolución de la humanidad desde una perspectiva industrial.

La revolución más temprana que ha experimentado la humanidad fue la aparición del fuego, el origen de una evolución imparable que nos ha llevado hasta los últimos avances tecnológicos. Sin embargo, en el camino, hemos experimentado tres revoluciones industriales relevantes.

La primera tuvo lugar entre los años 1760 y 1830 en el reino de Gran Bretaña, extendiéndose posteriormente a la América anglosajona y gran parte de Europa occidental. Fue propiciada por la aparición de la máquina de vapor que permitió la mecanización de los procesos productivos y, en consecuencia, una mayor eficiencia de la industria. Supuso también la aparición de nuevas clases sociales que, todavía hoy, perduran: el proletariado y la burguesía.

La segunda Revolución Industrial empezó en el año 1870. Permitió la fabricación de productos en masa y se basó en la aparición de nuevas fuentes de energía (gas, petróleo, electricidad), innovaciones tecnológicas (teléfono, radio) y nuevos sistemas de transporte (avión, automóvil).

La tercera revolución, surgida a mediados del siglo XX, se apoyó en la aparición de las tecnologías de la información y las comunicaciones, y su convergencia con nuevos sistemas de generación de energía.

Hoy, en pleno siglo XXI, estamos asistiendo a lo que podría ser la próxima revolución industrial, caracterizada por la aparición de un conjunto de tendencias tecnológicas que permitirán digitalizar la industria y llevarla a otro nivel. Un nivel donde se logrará una plena automatización, permitiendo la máxima calidad al mínimo coste. Es la llamada Industria 4.0 o cuarta revolución industrial. Entre las tecnologías que la favorecen se encuentran la Inteligencia Artificial, la Realidad Virtual, el Internet de las cosas o la impresión 3D.

Sin embargo, atendiendo a datos de los principales analistas de mercado, una de las tendencias tecnológicas de la Industria 4.0 que se estima pueda tener mayor impacto en la transformación de la sociedad es la cadena de bloques. Pero ¿qué es el Blockchain? Aunque más adelante te lo explicaré en detalle, te avanzo que se trata de una tecnología que permite interactuar entre los usuarios sin necesidad de intermediarios, garantizando la confidencialidad, autenticidad e integridad de las transacciones.

Hay una razón sustancial que justifica el optimismo de los analistas. En los últimos años, han aparecido en Internet nuevos modelos de negocio exitosos basados en plataformas que conectan directamente a los usuarios para hacer negocios. Pensemos, por ejemplo, en Uber o Airbnb. Los analistas creen que es el momento de dar un paso adelante y eliminar a los intermediarios, es decir, de conectar directamente a taxistas y propietarios de apartamentos con los usuarios. Las tecnologías blockchain nos permitirán suprimir la intermediación mediante su capacidad de garantizar la integridad de las transacciones. De esta forma, por ejemplo, las empresas podrán cerrar contratos directamente con clientes, sin necesidad de actores intermedios.

La tecnología está lista, aunque con algunas restricciones como veremos más adelante, y el mercado quiere desarrollar los nuevos modelos de negocio que empiezan a vislumbrarse. De hecho, uno de los últimos informes de *KD Market Insights* llamado "*Worldwide Blockchain Market 2018 to 2024*" nos habla de un mercado de un tamaño cercano a los 700 millones de dólares en el año 2017 (menos de 10 años después del nacimiento de esta tecnología) que puede alcanzar los 60.000 millones de dólares si se convierte realmente en la palanca que permita desplegar nuevas soluciones de soporte a la economía mundial.

Excitante, ¿no? ¿Te imaginas capturar un porcentaje de esas inversiones con una nueva startup? Seguro que sí. Pues este es el objetivo principal de este libro. Explicarte de forma muy práctica los conceptos clave de Blockchain, junto con el método necesario para crear modelos de negocio de éxito basados en dicha tendencia tecnológica. De esta forma, podrás aprovechar esta tremenda oportunidad y convertirte en un emprendedor de éxito.

Para ello, en la primera parte del libro, te presentaré una visión detallada de blockchain incluyendo un caso práctico de generación de un modelo de negocio soportado en esta tecnología. Hablaremos, en concreto, sobre qué son los bloques y como su integración permite generar una base de datos distribuida que garantiza la seguridad de cualquier tipo de transacción.

A continuación, te explicaré las perspectivas de evolución de Blockchain.

Finalmente, trabajaremos de forma práctica el método

Canvas, una herramienta de desarrollo de modelos de negocio que integra toda la información necesaria para describir cómo las empresas crean, entregan y capturan valor. Esta herramienta nos permitirá desarrollar modelos de negocio de éxito y validar su viabilidad económica y operativa.

En el caso de que tengas conocimientos técnicos, te recomiendo que te centres en aprender Canvas como herramienta de desarrollo de modelos de negocio innovadores, realistas y eficientes. En el caso de que tengas conocimientos de negocio, te daré suficiente información sobre blockchain como para que te puedas plantear desarrollar modelos de negocio apoyados en esa tendencia tecnológica.

El enfoque planteado en este libro te permitirá:

—Conocer los conceptos clave de blockchain.

—Explorar cómo esa tendencia tecnológica puede impactar sobre tu negocio a corto, medio y largo plazo.

—Ser más ágil y eficiente que tus competidores en la identificación y gestión de esta tendencia tecnológica.

—Aprender la forma de crear modelos de negocio disruptivos soportados por blockchain.

—Desarrollar modelos de negocio innovadores para favorecer el crecimiento de empresas de cualquier tamaño, desde startups a grandes corporaciones.

Como sabes, es importante que gestiones un negocio pensando en cómo será tu mercado el día de mañana. Comprender las últimas tendencias tecnológicas te permitirá anticipar los cambios que se van a producir y desarrollar nuevos modelos de negocio que puedan generar crecimiento.

Esta es la razón de que este libro forme parte de una serie que se focaliza en la creación de modelos de negocio de éxito basados en las últimas tendencias tecnológicas.

Hablamos, por ejemplo, de impresión 3D, Internet de las Cosas (IoT), realidad virtual, 5G, drones e Inteligencia Artificial, entre otras.

Finalmente, antes de pasar al siguiente capítulo, te quería plantear un pequeño reto. ¿Te imaginas cuáles serán las principales tendencias tecnológicas para los próximos años?

UNA VISIÓN PRÁCTICA DE BLOCKCHAIN

Antes de empezar con este apartado, quería comentarte dos temas importantes. En primer lugar, a lo largo del libro, nos referiremos a la cadena de bloques tanto en su acepción en español como en inglés (Blockchain). En la mayor parte de la bibliografía sobre esta tecnología, se utiliza el término en inglés, por lo que hemos preferido utilizarlo nosotros también. Lo mismo ocurre con palabras específicas asociadas con los algoritmos de generación de bloques, por ejemplo, el Hash o el Nonce. En estos casos, utilizaremos mayoritariamente los nombres en inglés.

Por otro lado, este libro no pretende explicar en detalle el funcionamiento tecnológico de blockchain. Te recomiendo que, si estás interesado en ello, recurras a libros técnicos especializados en los diferentes componentes de esta tecnología. En concreto, deberás leer sobre criptografía, algoritmos de clave pública y privada, bases de datos Peer to Peer y, finalmente, sobre el propio blockchain.

Bien, aclarado lo anterior, vamos a crear nuestro primer modelo de negocio soportado en esta tecnología.

Es posible que seas un ingeniero y que conozcas determinados algoritmos de criptografía (que son la base del blockchain). A lo mejor, incluso eres miembro de la comunidad de software libre (open source) que soporta esta tecnología, pero estoy seguro de que, si has comprado este libro, es porque te cuesta conectar tus conocimientos técnicos con el desarrollo de modelos de negocio que los aprovechen.

Por otro lado, también puede que seas un experto en gestión, pero no conozcas demasiado bien qué es blockchain y, por lo tanto, te cueste identificar ideas de negocio soportadas en esta tecnología.

Con el objetivo de ofrecerte una visión práctica previa de ambos ejes de trabajo (desarrollo de soluciones de blockchain y construcción de modelos de negocio), en este apartado vamos a desarrollar un caso práctico de construcción de un modelo de negocio soportado en blockchain

Para ello, primero vamos a resolver un reto mediante esta tecnología (lo que nos permitirá comprenderla mejor) y, posteriormente, vamos a construir una idea de negocio basada en la solución de blockchain que hemos generado para resolver el reto inicial.

Este es un método que se utiliza habitualmente para crear modelos de negocio de éxito. Primero, resuelvo un reto de cliente, y luego desarrollo el modelo de negocio basado en la solución que he generado para resolver el reto. Más adelante, veremos ejemplos de ello.

Veamos pues el reto de negocio. Como bien sabes, Internet ha cambiado la forma en que vivimos. Pero en la red, al igual que en la vida real, seguimos teniendo un problema inherente a la forma de ser de las personas: la falta de confianza en los demás. Por esta razón, necesitamos una tercera parte que nos permita gestionar las transacciones entre individuos. Esa es la razón de que los intermediarios financieros como la banca se hayan convertido en agentes imprescindibles del sistema.

Sin embargo, todos estamos de acuerdo en que un mundo sin intermediarios sería más eficiente, menos costoso y más ágil. Imaginemos, por lo tanto, tres usuarios que quieren intercambiar dinero a través de Internet sin necesidad de acudir a un banco. A esos usuarios les llamaremos A, B y C (el usuario X es el que garantiza que el usuario A tiene suficiente dinero inicial).

Supongamos que se quieren ejecutar las siguientes

transacciones ordenadas en el tiempo:

Transacción	Origen	Destino	Importe	Comentarios
1	X	A	100	Ingreso inicial
2	A	B	50	Transferencia
3	B	C	25	Transferencia
4	C	A	15	Transferencia
	Total criptomonedas	100		

¿Cuál sería el estado final de las cuentas de cada usuario después de estas transferencias?

Usuario	Balance
A	100-50+15=65
B	50-25=25
C	25-15=10
Total criptomonedas	100

Las preguntas que nos debemos hacer para diseñar una plataforma tecnológica que posibilite la transferencia digital de dinero sin intermediación bancaria son:

—¿Cómo garantizamos la confidencialidad de estas transacciones al viajar por Internet?

—¿Cómo garantizamos su autenticidad, es decir, que fue realmente el usuario A el que transfirió las 50 monedas al usuario B?

—¿Cómo garantizamos que se respeta el orden de las transacciones? Como podemos apreciar, dicho orden determina el estado final de los balances de los usuarios (por ejemplo el usuario A recibe 100 criptomonedas, transfiere 50 y recibe 15, en este orden, no en otro).

—¿Cómo garantizamos su integridad, es decir que no se producen modificaciones no deseadas en los datos de las transacciones? (por ejemplo, en el importe a transferir).

—¿Cómo evito que el usuario A pueda enviar dos veces el mismo dinero en el mismo momento, dado que la segunda vez ya no tendría ese dinero? Es el llamado problema del "doble gasto" ("double spend", en inglés) que, lógicamente, no se da con dinero físico.

—Y, finalmente, si un banco nos cobra comisiones, ¿qué van a cobrar las personas que sustituyan al banco en su papel de intermediario? ¿Qué incentivos tienen?

En definitiva, la pregunta sería: ¿cómo puedo construir un sistema que sustituya al Banco y garantice la confidencialidad, autenticidad e integridad de las transacciones económicas?

Aquí es donde entra en juego la tecnología Blockchain que elimina la necesidad del regulador, el Banco, descentralizando toda la gestión transaccional. El control del proceso es de los usuarios, y son ellos los que se convierten en parte de un gigantesco banco, siendo partícipes y gestores de los libros de cuentas.

A continuación, vamos a explicar cómo se podría utilizar la tecnología blockchain para resolver el reto de negocio.

En primer lugar, hablemos de la confidencialidad y autenticidad de las transacciones. Para ello, blockchain se basa en algoritmos de clave pública y clave privada.

En cualquier plataforma de criptomonedas basada en Blockchain, cada usuario accede al sistema mediante un componente llamado monedero ("wallet", en inglés).

Además, ese monedero dispone de dos claves criptográficas de seguridad: la privada (única, solo la conoce el usuario) y la pública (múltiples, las conocen todos los miembros de la plataforma). Podemos pensar en la clave pública como si fuera el número de cuenta bancaria, y la privada como si fuera el número secreto o PIN con el que accedes a dicha cuenta.

Ambas claves están relacionadas, y de hecho, la clave pública deriva de la privada. No obstante, aunque es posible obtener la clave pública a partir de la privada, lo contrario es imposible. Bajo ese enfoque, la clave pública es usada para recibir dinero, y la privada para firmar las transacciones donde gastamos ese dinero.

Veamos cómo funciona la clave pública y privada para nuestro reto de negocio. Pensemos en la segunda transacción, la que se realiza entre el usuario A y el B:

Transacción	Origen	Destino	Importe	Comentarios
2	A	B	50	Transferencia

Recuerda que el usuario A tiene 100 criptomonedas. Para enviar 50 al usuario B, el usuario A debe utilizar su clave privada A.

En primer lugar, utilizando dicha clave accederá a su dinero (esa es la función de la clave privada).

Una vez accedido a su dinero, el usuario A le pide la clave pública al usuario B.

A continuación, A enviará el dinero a B, encriptado mediante la clave pública del usuario B.

Recibido el dinero, B lo pondrá en su cuenta utilizando para ello su clave privada (que únicamente conoce él).

Como puedes observar, la clave privada pasa a ser un concepto clave en blockchain. Si nos la roban, alguien puede hacer uso de nuestro dinero (el sistema no puede distinguir entre el dueño y el ladrón). Si la perdemos, tampoco tenemos opción de recuperarla y perderíamos nuestro dinero. Es la única forma de tener un sistema que garantice la máxima confidencialidad y autenticidad en nuestras transacciones.

Por lo tanto, a modo de sumario, se puede decir que el proceso de aseguramiento de la confidencialidad y autenticidad de las transacciones en blockchain, se basa en criptografía asimétrica. Cuando enviamos una transacción a una red blockchain, se crea una firma digital que es una combinación criptográfica de la clave privada y los propios datos de la transacción (por ejemplo, las cantidades a transferir y las llaves públicas de destino). Dicha firma pasa a formar parte de la transacción, lo que permite certificar su autenticidad (el usuario conoce la clave privada) y su confidencialidad (nadie la va a conocer porque nunca queda expuesta públicamente y además es imposible de averiguar).

Bien, ahora ya sabemos cómo se garantizan dos aspectos clave de seguridad con blockchain: el de la confidencialidad (nadie puede ver tu clave privada) y el de la autenticidad (conocer la clave privada garantiza que seas tú el que está haciendo la transacción).

Pasemos ahora al siguiente punto: la integridad, la parte realmente innovadora de blockchain. Para ello, vamos a profundizar en los conceptos de Hash, bloque y cadena de bloques.

En primer lugar, trabajaremos con el primer concepto básico de blockchain: el Hash. Un Hash es como una huella digital de los datos. En concreto, el SHA-256 (*Secure Hash Algorithm 256*) genera un patrón único de datos alfanuméricos de 256 bites (32-bytes) a partir de un texto cualquiera.

Veamos un ejemplo, accediendo a cualquier calculadora de Hash y Bloques (por ejemplo, tienes una disponible en https://anders.com/blockchain; puedes agradecerle el esfuerzo de desarrollo a su autor pagándole en bitcoins en su Web de GitHub).

Una vez accedas a la calculadora, selecciona la opción Hash. Si, por ejemplo, escribes tu nombre en el campo Data verás su SHA-256 Hash correspondiente:

Data: Bert

Hash: 812979de05dc4f63753fdc8595b633ac463314e026d36324b66ad65089ed5c75

Fuente: Calculadora de hash y bloques

Si cambias el nombre en el campo Data, cambiará el Hash:

Data: Steve

Hash: f1cb89ec9ff2b9c4af49d37a3ed7d689c9de465957d2b88f25ecfeef9425d68d

Fuente: Calculadora de hash y bloques

También puedes escribir cientos de líneas de texto y observar como el Hash es diferente:

Data: Loremipsumdolor sit hametot, xconsecteturum aadipiscingefd elito...

Hash: 4a5c284f8229aaa8d79a10ab9fe7f204b78abaf6c3337044c3acaf1e22c0a317

Fuente: Calculadora de hash y bloques

Lo realmente interesante aquí, es que, independientemente de si tus datos son un nombre o el contenido de un libro, cuando los escribas obtendrás siempre el mismo Hash y de la misma longitud (recuerda, la huella dactilar). Por lo tanto, para poder adivinar el Hash tendrás que introducir el dato. Sin embargo, si tienes el

Hash no podrás reconstruir el dato.

A modo de resumen, te diré que el Hash es un valor alfanumérico que identifica unívocamente unos datos, como si fuera su huella digital. Se caracteriza por:

—Tener una longitud fija.

—El mismo dato da lugar al mismo Hash.

—Diferentes datos dan lugar a diferentes Hashes.

—Es imposible convertir un Hash en el dato.

—Mínimos cambios en el dato producen importantes cambios en el Hash.

Veamos ahora la utilidad del Hash para resolver el reto de negocio.

Imaginemos que nuestro sistema basado en blockchain almacena un registro por cada transacción. Dicho registro va a incluir los datos que te explico a continuación.

En primer lugar, el Índice (Index) de la transacción, es decir, su número de orden.

Luego, tenemos el "Nonce", que es un número del que más adelante te explicaré qué es y para qué se utiliza.

Posteriormente, el Dato (Data) almacenado en la transacción.

A continuación, tenemos el Hash del que ya te he hablado. En este caso, vamos a hacer que el Hash sea la huella digital de todos estos campos, es decir, la huella digital de la combinación Índice (Index), Nonce y Dato.

Para la primera transacción reflejada en el reto de negocio, nuestra plataforma grabaría los siguientes datos en la base de datos de blockchain (utiliza el enlace anterior para generar los diferentes Hashes):

—Índice: 1

—Nonce: A determinar

—Dato: X-A 100

—Hash: d918907468c93d1ce902fadfc8f3fedf9c19fa471ce5d6bf1c49

e3281f835daf

¿Para qué sirve el campo Nonce? Imaginemos que se decide que para que una transacción sea correcta, su Hash debe empezar por "cuatro ceros". ¿Cómo conseguimos ese Hash? Fácil, cambiando el número Nonce hasta conseguir un Hash que cumpla con dicho criterio.

Vamos a probarlo. Selecciona la opción Block en la calculadora. Te aparecerá una ventana como la siguiente:

Block: # 1

Nonce: 72608

Data:

Hash: 0000f727854b50bb95c054b39c1fe5c92e5ebcfa4bcb5dc279f56aa96a365e5a

Fuente: Calculadora de hash y bloques

Introduce el valor X-A 100 en el Campo Data. Aparecerá la siguiente ventana:

Block: # 1

Nonce: 72608

Data: X-A 100

Hash: b981ce47bf130b716378bcecc1b574e627a83494d2cf1888c126fc39c73ca098

Fuente: Calculadora de hash y bloques

¿Por qué esta en rojo? Fácil, porque hemos decidido que

si el Hash no comienza por cuatro ceros es incorrecto.

¿Cómo encuentro el Hash correcto? Si lo intentas por ti mismo, cambiando el valor del Nonce, verás que es prácticamente imposible. Necesitarás la ayuda del ordenador. Pulsa el botón "Mine" y, pasado un tiempo, la ventana se pondrá en verde mostrando el Nonce que produce el Hash correcto (más adelante, verás la utilidad del concepto "Minar" en blockchain):

Block: # 1

Nonce: 72608

Data: X-A 100

Hash: 00002f21e18bd9a892fcf3713c32e662f1702804abc6388e5dc0f82ab560598f

Fuente: Calculadora de hash y bloques

Por lo tanto, los valores finales de la primera transacción (el primer bloque) en la base de datos de blockchain serían los siguientes:
—Índice: 1
—Nonce: 110319
—Dato: X-A 100
—Hash: 00002f21e18bd9a892fcf3713c32e662f1702804abc6388e5dc0f82ab560598f

¿Te atreves a codificar los siguientes bloques? Recuerda, debes cambiar cada vez el valor Índice, introducir el valor de la transacción en el campo Data y pulsar el botón "Mine" para obtener un Nonce/Hash correcto.

Veamos la segunda transacción:
—Índice: 2

—Nonce: 75539
—Dato: A-B 50
—Hash: 0000178e41b316833ddff2389e3ea61b71b03d451ff4260467333381a82b0593

Y ahora, las dos últimas (observa que todos los Hashes empiezan por "cuatro ceros"):
—Índice: 3
—Nonce: 29704
—Dato: B-C 25
—Hash: 0000c7edf5c03bd3b2bf7da28e0c738c851e37efa83dbc78477ded26f2fa4025
—Índice: 4
—Nonce: 51047
—Dato: C-A 15
—Hash: 0000bb19b1dbf3ab9cde7a0fc5c00dbeb2535b700b2a353e572b3d6b0542ddc2

Por lo tanto, el Hash es la huella digital para un bloque completo, es decir, para la combinación Índice (Index), Nonce y el Dato del bloque. A título de ejemplo, para el primer bloque, esta afirmación podría representarse como sigue:

—Hash = f (Index + Nonce + Data)
—En la imagen tendríamos Hash = f (1 + 110319 + X-A 100) =
   00002f21e18bd9a892fcf3713c32e662f1702804abc6388e5dc0f82ab560598f

Bien, hemos visto hasta ahora qué es un bloque y cómo se almacenan las transacciones de nuestro reto de negocio en la base de datos de Blockchain.

Sin embargo, para que podamos considerar cada fila como un bloque de una cadena real de bloques, esta debe almacenar un dato adicional, el llamado "Hash previo". Este dato es el que garantiza la integridad de la cadena de bloques.

Veamos a continuación por qué.

Imaginemos ahora que nuestra base de datos almacena toda la información anterior y un campo adicional por transacción, el Hash previo. Tendríamos la siguiente cadena de bloques:

—Índice: 1
—Nonce: 110319
—Dato: X-A 100 (recuerda, la transacción codificada)
—Hash: 00002f21e18bd9a892fcf3713c32e662f1702804abc6388e5dc0f82ab560598f
—Hash previo: 0000000000000000000000000000000000000000000000000000000000
—Índice: 2
—Nonce: 75539
—Dato: A-B 50
—Hash: 0000178e41b316833ddff2389e3ea61b71b03d451ff4260467333381a82b0593
—Hash previo: 00002f21e18bd9a892fcf3713c32e662f1702804abc6388e5dc0f82ab560598f
—Índice: 3
—Nonce: 29704
—Dato: B-C 25
—Hash: 0000c7edf5c03bd3b2bf7da28e0c738c851e37efa83dbc78477ded26f2fa4025
—Hash previo: 0000178e41b316833ddff2389e3ea61b71b03d451ff4260467

333381a82b0593
  —Índice: 4
  —Nonce: 51047
  —Dato: C-A 15
  —Hash: 0000bb19b1dbf3ab9cde7a0fc5c00dbeb2535b700b2a353e572b3d6b0542ddc2
  —Hash previo: 0000c7edf5c03bd3b2bf7da28e0c738c851e37efa83dbc78477ded26f2fa4025

Como puedes apreciar, el Hash previo del primer bloque (también llamado génesis) es "0", el del bloque 2 es el Hash del bloque 1, y así hasta el final.

El campo Hash previo se convierte en información clave por dos motivos.

En primer lugar, permite responder a la pregunta: ¿cómo garantizamos que se respeta el orden de las transacciones?

El hecho de que cada bloque haga referencia al bloque anterior, nos permite mantener el orden de toda la cadena de bloques (que, como hemos visto, afecta directamente al balance final de los usuarios).

Por otro lado, el Hash previo es clave para garantizar la integridad de la cadena de bloques.

Veamos por qué. Trata de cambiar el Dato (lo que se llama mutación de datos, data mutation, en inglés) de la segunda cadena de bloques:

  —Índice: 2
  —Nonce: 75539
  —Dato: **A-B 150**
  —Hash: 0000178e41b316833ddff2389e3ea61b71b03d451ff4260467333381a82b0593
  —Hash previo: 00002f21e18bd9a892fcf3713c32e662f1702804abc6388e5dc

0f82ab560598f

En este ejemplo, un usuario querría engañar al sistema indicando que A transfiere 150 unidades monetarias a B (en lugar de las 50 reales).

¿Qué ocurriría? Bien, en primer lugar, el sistema detectaría que el Hash de la segunda transacción es errónea (el Hash actual representa la huella digital única de "2"+"75539"+"A-B 50", no la de "2"+"75539"+"A-B 150").

Sin embargo, hemos visto que el usuario podría recalcular el Hash y cambiarlo (opción "Minar"). ¿Qué pasaría entonces? Aquí está la magia de la cadena de bloques. Si el usuario cambiará el Hash y pusiera uno correcto tendríamos lo siguiente (utiliza la calculadora para calcular el nuevo Hash correcto para "2"+"75539"+"A-B 150"):

—Índice: 1
—Nonce: 110319
—Dato: X-A 100
—Hash: 00002f21e18bd9a892fcf3713c32e662f1702804abc6388e5dc0f82ab560598f
—Hash previo: 0000000000000000000000000000000000000000000000000000000000

—Índice: 2
—Nonce: 75539
—Dato: A-B 150
—Hash: 000019203960cff27074f8ff391aa38fa9d4d105077bfb640834ddc8962dd034
—Hash previo: 00002f21e18bd9a892fcf3713c32e662f1702804abc6388e5dc0f82ab560598f

—Índice: 3
—Nonce: 29704
—Dato: B-C 25
—Hash: 0000c7edf5c03bd3b2bf7da28e0c738c851e37efa83dbc78477ded26f2fa4025
—Hash previo: 0000178e41b316833ddff2389e3ea61b71b03d451ff4260467333381a82b0593
—Índice: 4
—Nonce: 51047
—Dato: C-A 15
—Hash: 0000bb19b1dbf3ab9cde7a0fc5c00dbeb2535b700b2a353e572b3d6b0542ddc2
—Hash previo: 0000c7edf5c03bd3b2bf7da28e0c738c851e37efa83dbc78477ded26f2fa4025

¿Qué es lo que ocurre? Que el sistema detecta el fraude. ¿Por qué? Porque el Hash del bloque 2 no coincide con el Hash previo que está grabado en el bloque 3.

Sin embargo, ¿qué pasaría si ese hacker lograra cambiar (minar) todos los Hashes para que fueran correctos? (en realidad, debería cambiar todos los Hashes posteriores al segundo, algo de por sí tremendamente complicado).

La respuesta a esta pregunta está en la red de nodos de Blockchain. El blockchain está compuesto por una red de ordenadores que son iguales entre sí (llamada red Peer to Peer o P2P) y que, en este caso, hacen de sistema bancario. En esta tecnología, se almacena una copia local de la Base de Datos de transacciones en todos los ordenadores de la red. De esta forma, aunque un usuario lograra modificar su base de datos local, el resto de usuarios tendrían registros diferentes en sus bases de datos, detectando el fraude y no dándolo por válido.

Es posible que te preguntes, ¿qué pasa si el hacker logra cambiar la copia en varios nodos? Bien, la respuesta es que debería disponer del 51% de la red para poder piratear la cadena de bloques, y eso es altamente improbable, por no decir imposible.

Y, finalmente, vamos a responder a la siguiente pregunta: ¿cómo evito que el usuario A pueda enviar dos veces la misma transacción en el mismo momento, dado que la segunda vez ya no tendrá ese dinero?

La respuesta es lo más increíble de blockchain y lo que cuesta tanto de entender, fundamentalmente porque no se explica bien.

El problema del doble gasto en blockchain se evita lanzando un concurso entre los nodos de la plataforma, los llamados mineros, por encontrar la respuesta a una incógnita (es el llamado "Proof of Work" en inglés).

¿Y cuál es esa incógnita? Pues bien, en este caso sería determinar el valor del Nonce para que el Hash del bloque sea correcto, es decir, empiece por "cuatro ceros".

Veamos un ejemplo. Imaginemos la transacción número 1:

—Índice: 1
—Nonce: 110319
—Dato: X-A 100
—Hash: A determinar por los mineros
—Hash previo: 0000000000000000000000000000000000000000000000000000000000

Cuando esta transacción es lanzada a la plataforma de blockchain, los mineros se pelean por encontrar el Nonce que da lugar al Hash correcto para dicha transacción (que debe empezar por cuatro ceros). Para ello, deben modificar el Nonce mediante un método de prueba y error, lo que supone emplear tiempo y dinero (ordenadores, electricidad, etc.).

Cuando un minero resuelve el rompecabezas, lo anuncia a la red de nodos. El resto de mineros cogen el bloque y hacen el Hash con el Nonce propuesto, verificando, entre otros aspectos, que empieza con "cuatro ceros". En caso de que eso sea así, se confirma la transacción, se forma un nuevo bloque y se sella para que forme parte de la cadena de bloques definitiva.

Dado que es prácticamente imposible que dos mineros resuelvan la transacción en el mismo momento, se garantiza que no se dará un problema de doble gasto. Sencillo, ¿no? Pues tengo que decirte que este problema ha estado muchos años en la mesa de los programadores hasta que Nakamoto (más tarde te explicaré quién es) dio con la solución.

Respondamos ahora a la última pregunta de nuestro reto de negocio: ¿qué van a cobrar las personas que sustituyan al banco en su papel de intermediario, es decir, los mineros? ¿Qué incentivos tienen?

Como te he explicado anteriormente, los mineros consiguen registrar transacciones en la cadena de bloques resolviendo complejos problemas matemáticos basados en criptografía SHA-256 (encontrar el Nonce que permita obtener un Hash correcto). Además, la complejidad del problema a resolver se reduce o aumenta según la capacidad computacional de toda la red blockchain. Cuantos más mineros haya, más difícil será resolver los problemas matemáticos (en realidad, lo que se hace es aumentar el "número de ceros" requerido en el Hash).

Esta actividad cuesta dinero y, por lo tanto, el incentivo para los mineros es también el dinero. Por ejemplo, en la actualidad, la plataforma bitcoin ofrece un número determinado de bitcoins al minero ganador por cada bloque generado. ¿Cómo reciben este dinero? Lo que se hace es escribir una transacción por ese valor en el cuerpo del bloque. En realidad, esta transacción es la primera que se escribe.

Supongo que habrás empezado a pensar en crear tu propio negocio de minado de bitcoins. En principio, cualquiera puede convertirse en minero. Y parece un buen negocio que, además, te puede proporcionar dinero sin que sea necesaria tu supervisión. Es decir, dejas al ordenador trabajando un mes y recoges beneficios en forma de bitcoins en tu monedero virtual.

Sin embargo, siento decirte que es muy difícil ganar dinero minando. Bitcoin se pensó para tener como mineros a equipos informáticos que costaban entre 3,500 y 6,000 dólares, y que utilizaban las tarjetas gráficas de videojuegos para acelerar los cálculos matemáticos. Ahora existe un hardware específico para minar las criptomonedas. La realidad actual es que el proceso de minado se ha convertido en una actividad industrializada, con granjas soportadas por miles de procesadores que se sitúan en China (que tiene el 70% del mercado), Singapur o Islandia. ¿Por qué en estos países? Los datos nos dicen que el proceso de minado de bitcoins supone cerca de 26 kilovatios/hora en gasto de electricidad. Para que te hagas una idea, ese gasto supone más del 85% de lo que consume un hogar medio estadounidense en un día. En dichos países el coste de la electricidad es mínimo, y esta es la razón de que alberguen las principales granjas de minado.

Como la minería consiste en competir por encontrar un Hash, minar bitcoins desde nuestro ordenador compitiendo con las granjas chinas viene a ser el equivalente a intentar ganar una carrera de coches con una bicicleta. No tiene sentido preguntar si sería rentable intentar ganarla comprando un motor eléctrico porque las posibilidades siguen siendo nulas frente a un coche.

Bien, parece claro que nuestra plataforma de Blockchain puede resolver el reto de negocio, es decir, garantizar la autenticidad, confidencialidad e integridad de las transacciones entre los usuarios A, B y C, sin necesidad de recurrir a un banco intermediario.

¿Por qué digo esto? Porque la tecnología blockchain se caracteriza por lo siguiente:

—Cada transacción se soporta en algoritmos de clave pública-privada, lo que garantiza su confidencialidad y autenticidad.

—Cada transacción es inmutable, lo que garantiza su integridad (recuerda el concepto de Hash previo).

—Es imposible que dos transacciones se registren en el mismo momento, lo que evita el problema del doble gasto (esta es la función principal de los mineros).

—Los mineros tienen los incentivos necesarios para auditar el funcionamiento de la red como si fueran los empleados del banco (la primera transacción del bloque es la recompensa para el minero).

¿Cómo se podría ejecutar nuestro reto de negocio mediante la tecnología blockchain? Pues bien, si el usuario A quiere enviar dinero al usuario B, primero avisará a toda la red de nodos de la plataforma blockchain. Una diferencia relevante con el sistema bancario es que ninguno de ellos sabrá quiénes son A o B, solo sabrán que desde un monedero digital (el equivalente en blockchain a una cuenta bancaria) se quiere transferir una cantidad de dinero a otro monedero.

A, por lo tanto, utiliza su clave privada para avisar de sus intenciones, pero sin revelar su identidad: "Quiero enviar X bitcoins desde mi monedero al del usuario B".

Al enviar ese mensaje (que en blockchain se llama token), todos los nodos de esa red comprueban que hay suficiente dinero en el monedero de origen (rastreando la información que hay en los bloques). En caso de que haya un consenso afirmativo de todos los usuarios, todos graban un bloque con la transacción entre A y B en la cadena de bloques.

No obstante, ese bloque no se registra todavía de forma definitiva porque antes debe ser validado mediante los procesos de minería de bitcoin (de forma que evitemos el problema del doble gasto). Ese minado de bloques consiste en la realización de una serie de complejos cálculos matemáticos como los que hemos visto anteriormente, y que permiten integrar el bloque en la cadena de bloques definitiva. Cuando un minero indica que ha encontrado el Nonce/Hash, el resto de usuarios lo valida y, en caso de ser correcto, el bloque se añade a la cadena (y el minero gana unos bitcoins...). A partir de ese momento, cualquier mutación del bloque en la cadena podrá ser detectada por el sistema, como hemos visto en el ejemplo.

Bien, una vez explicadas las bases de la tecnología blockchain, ha llegado el momento de crear nuestra primera startup. Para ello, como te he explicado anteriormente, vamos a utilizar la solución diseñada para resolver nuestro reto con el objetivo de construir un primer modelo de negocio basado en blockchain.

Pensemos en los usuarios del reto de negocio. Podría decirse que el usuario A ha concedido un crédito al usuario B, sin necesidad de intermediarios (el "intermediario" es la red de nodos de blockchain).

Imaginemos que creamos una app basada en blockchain donde un usuario puede publicar el dinero que necesita, cuándo lo necesita, el tipo de interés que está dispuesto a pagar y sus avales. El resto de usuarios de la app ofertan sus condiciones para conceder el crédito (en ningún caso, se permitirá un tipo de interés superior al de la banca tradicional). Además, ofreceremos también a los usuarios la posibilidad de establecer sus propios acuerdos respecto a los métodos de pago ("banca sin dinero"), lo que favorecerá la extensión de la aplicación en las economías menos desarrolladas.

Para la gestión del crédito se utilizará blockchain, que registrará la cadena de bloques necesaria para coordinar la entrega y devolución del crédito en las condiciones pactadas (y a un mínimo coste). Es decir, entre los usuarios de la aplicación se establecerán contratos inteligentes ("smart contracts"), de los que te volveré a hablar más adelante.

Vamos ahora a definir el modelo de negocio basado en nuestra solución de blockchain.

En primer lugar, hablaremos del tamaño del mercado de créditos de consumo que, a nivel mundial, era superior a los 40 billones de dólares en 2015, siendo Estados Unidos, China y Reino Unido sus principales actores.

Veamos ahora la propuesta de valor (más adelante, te explicaré todos estos conceptos en detalle). Se trata de definir el valor que aportaríamos a nuestros clientes. En principio, está claro: facilitaremos la concesión de créditos entre particulares a cambio de una mínima comisión sobre el importe del crédito. El tipo de interés aplicado será siempre inferior al de un banco tradicional, porque no tenemos sus costes de estructura y la plataforma permitirá la gestión automatizada del proceso (visto el tamaño de mercado, no será difícil alcanzar el crecimiento deseado).

Por otro lado, nuestra plataforma utilizará algoritmos específicos para garantizar la solvencia de los deudores, minimizando los problemas de insolvencia que puedan derivar en impagos del crédito.

Pensemos ahora en cuáles son los segmentos de clientes con los que queremos trabajar. También parece claro.

Queremos trabajar los entornos "Business to Consumer o B2C", es decir, venderemos al consumidor final.

Hablemos ahora de las actividades clave de nuestra compañía, aquello a los que nos dedicaremos. Pues bien, crearemos una plataforma blockchain en la que se gestione la concesión de créditos al consumo entre particulares y su devolución en las condiciones pactadas. Nuestros clientes nos pagarán una comisión por crédito concedido. Se trata de un modelo de negocio de alto potencial y muy escalable (más clientes no implican necesariamente más costes operativos; en los próximos capítulos te hablaré en detalle de la importancia de la escalabilidad de un modelo de negocio).

Quizás estés pensando que este modelo de negocio no tiene potencial. La respuesta es que sí, que sí lo tiene (el problema es que seguramente ya hay otros que lo están desarrollando o lo han desarrollado ya).

Llegados a este punto, para terminar de definir el modelo de negocio todavía debemos dar respuesta a otras muchas preguntas. Por ejemplo:

—¿Qué relación deseas establecer con tus clientes objetivo?

—¿Cuáles son los recursos clave necesarios para entregar tu propuesta de valor?

—¿Cuáles son los canales que vas a utilizar para llegar a tus clientes?

—¿Quiénes serán tus socios clave?

—¿Cuáles serán los costes de tu negocio?

No te preocupes, en los próximos capítulos te voy a enseñar a responder todas las preguntas relacionadas con la construcción de modelos de negocio innovadores basados en blockchain. Sin embargo, antes vamos a profundizar en esta tendencia tecnológica tan apasionante.

PERSPECTIVAS DE EVOLUCIÓN DE BLOCKCHAIN

Blockchain nació en el año 2008 con la publicación de un artículo por parte de Satoshi Nakamoto en la lista de correo de criptografía "metzdowd.com", donde se explicaba el protocolo que usa actualmente la criptodivisa más famosa: bitcoin (artículo "Bitcoin: A Peer-to-Peer Electronic Cash System"; Satoshi Nakamoto, www.bitcoin.org).

En un perfil en la P2P Foundation, Nakamoto explicó que vivía en Japón y que había nacido el 5 de abril de 1975. Creó bitcoin.org y continuó colaborando con otros desarrolladores en bitcoin hasta mediados de 2010. De acuerdo con Wikipedia, en aquel momento, entrega el control del repositorio de código fuente, transfiere dominios relacionados a miembros destacados de la comunidad bitcoin, y desaparece abandonando el proyecto.

A día de hoy, su identidad sigue siendo desconocida y ha sido objeto de numerosas especulaciones. De hecho, no se sabe si su nombre es real o es un seudónimo, o incluso si se trata de una persona o varias.

¿Cuál fue el éxito del trabajo de Nakamoto? Fácil, como te he explicado anteriormente, su protocolo permitía gestionar transacciones financieras sin necesidad de una autoridad central.

Después de la publicación de este artículo, a principios de 2009, se desarrolló en código abierto el primer cliente bitcoin que estaba basado en la tecnología blockchain. A partir de dicho software, empezó la creación de bitcoins y de la base de datos pública e inmutable que contenía las transacciones, la llamada "ledger" o libro de registros.

Bitcoin fue creado por Nakamoto como una propuesta

alternativa al sistema de pagos bancarios. Sin embargo, actualmente es una criptomoneda con una capitalización de varias decenas de billones de dólares. Adicionalmente, después de su creación, han aparecido otras criptomonedas de éxito incluso superior, como Ether. Todas ellas tienen algo en común: el blockchain.

Por otro lado, se han constituido también nuevas blockchain públicas, privadas, e híbridas. Un ejemplo de las primeras es bitcoin. Con respecto a las segundas, como el consorcio financiero multinacional de blockchain llamado Hyperledger, tienen sus propias reglas, aunque siempre partiendo de las ideas de Nakamoto.

Antes de pasar a conocer el estado del arte actual de blockchain, vamos a repasar sus componentes principales.

Recordemos: blockchain es una base de datos distribuida entre una red de nodos (todos ellos tienen una copia del mismo). Además, la información transaccional que contiene es inmutable mediante los algoritmos que hemos descrito anteriormente. La principal diferencia de blockchain con otras bases de datos transaccionales es que no requiere de intermediarios que certifiquen la confidencialidad, disponibilidad, autenticidad e integridad de las transacciones.

En la red que soporta el blockchain se transmiten mensajes, también llamados token. Dichos mensajes pueden contener información sobre cualquier tipo de activo, como puede ser una Historia Clínica Electrónica, transferencias de bitcoins o datos de un contrato entre particulares. La información del token circula encriptada por la red, lo que garantiza su confidencialidad.

Las transferencias de tokens se agrupan en bloques que se van generando cada cierto tiempo. Los bloques están enlazados entre sí mediante el concepto de Hash anterior (de aquí el nombre de cadena de bloques).

Cada bloque almacena además los siguientes datos: el Índice (Index, número de orden del bloque en la cadena), el Nonce (número que se utiliza para encontrar un Hash válido), el Dato concreto de las transacciones, el Hash (ya te he hablado de él) y el Hash previo.

Todos ellos se generan a través de software abierto (open source) y registran información sobre cuándo (marca de tiempo, Timestamp) y en qué orden se ha ejecutado la transacción (a partir del Hash previo).

Vamos a recordar ahora el proceso de minería en el que se soporta la plataforma (lo haremos pensando en criptomonedas). Dicho proceso engloba las siguientes actividades (llamadas prueba de trabajo o por sus siglas en inglés PoW):

—Los mineros reciben las solicitudes de transacción.

—Verifican que éstas se pueden llevar a cabo.

—Almacenan las transacciones válidas en un bloque.

—Compiten realizando cálculos para encontrar el valor Nonce.

—El que lo consigue, propaga su bloque al resto de los mineros.

—Si la mayoría lo da por válido, éste se añade a la cadena de bloques.

—El minero ganador recibe la recompensa del bloque. Por ejemplo, en Ethereum se entregan 3 Ether por cada bloque minado.

—El proceso vuelve a empezar.

En criptodivisas líderes de mercado como Ethereum, se trata de añadir un nuevo bloque cada quince segundos. La complejidad del proceso de minado se ajusta para conseguir ese objetivo. Es decir, si el minero que ha descifrado el problema tarda menos de ese tiempo, se aumenta su complejidad para el siguiente bloque (y al revés).

En general, el objetivo principal de la minería es

mantener la red íntegra y estable mediante el consenso general de sus nodos. Adicionalmente, también sirve para prevenir ataques de ciberseguridad como los ataques de denegación de Servicio (DoS).

Bien, una vez repasado qué es el Blockchain y su aplicabilidad a las criptomonedas, vamos a ver ahora su tendencia principal de evolución: los llamados contratos inteligentes (smart contracts).

Un contrato inteligente es un código que facilita construir, verificar y garantizar el cumplimiento de un contrato de forma automática.

Este tipo de contratos están soportados por blockchain, lo que, como se ha visto anteriormente, permite su ejecución sin necesidad de intermediarios. Para ello, el código que compone el contenido del contrato se almacena en una cadena de bloques.

El código debe basarse en reglas lógicas soportadas en variables y condiciones (si ocurre A, entonces ejecuta B). El resultado es un acuerdo virtual blindado con todas las eventualidades cubiertas, de manera que si todas las partes entregan lo acordado, no existirá posibilidad de fraude.

Veamos un ejemplo simplificado del uso de este tipo de tecnología. Imaginemos que inviertes 10,000 bitcoins esperando que las acciones de Apple suban un 5% en los próximos doce meses. En caso de que eso ocurra, ganarás 20.000 bitcoins, perdiendo todo en caso contrario.

¿Cuál sería el correspondiente contrato inteligente? La variable principal sería la cotización de las acciones de Apple (que es pública y se puede obtener de forma automática). La condición principal será que "suban un 5% en los próximos 12 meses". Y, finalmente, la acción a ejecutar consistirá en pagar 20.000 bitcoins al monedero del usuario en caso de que la condición sea positiva (algo que, como hemos visto, también se puede hacer automáticamente, sin necesidad de intermediarios).

Cuando haya pasado un año, si los nodos que componen la red de blockchain verifican que las acciones de Apple han subido un 5%, harán una transferencia automática de 20.000 bitcoins al monedero de usuario.

¿Te imaginas un mundo gestionado por contratos inteligentes? Este ha sido un claro ejemplo de ello, en realidad una operación sin intermediarios sobre los llamados futuros financieros.

En algunas ocasiones, puede que sea necesario acudir a agentes externos a la plataforma blockchain para verificar el cumplimiento o no de una condición. A estos agentes se les denomina oráculos, es decir, programas informáticos que permiten validar las condiciones incluidas en los smart contracts.

Cabe decir que los contratos inteligentes (smart contracts) han generado una gran expectación porque su implantación permitiría eliminar todos los intermediarios, no únicamente los bancos. A modo de ejemplo, actualmente son los poderes públicos quiénes gestionan el incumplimiento de un contrato. Con esta tecnología, dicha gestión no haría falta.

Veamos a continuación más ejemplos.

Empecemos por los seguros. Actualmente, la resolución de un simple siniestro puede tardar varias semanas. El uso de este tipo de contratos nos permitiría objetivar la causa y culpabilidad del siniestro, produciendo su resolución de forma automática e inmediata.

Pensemos en los contratos de crédito, como los que hemos visto en el apartado anterior. En dichos contratos, se podría establecer la plataforma blockchain necesaria para recuperar el crédito o informar de la mala reputación del deudor en caso de que este no efectúe el correspondiente pago.

¿Y las herencias? En el futuro, cuando se produzca un fallecimiento, los activos se distribuirán a los herederos en función de lo establecido por el fallecido. Además, se pagarán los correspondientes impuestos de acuerdo con lo que marque la ley.

Es decir, aunque blockchain todavía se encuentra en una fase embrionaria, podemos afirmar que será una herramienta clave para soportar nuevas estrategias de intercambio de valor entre usuarios, sin necesidad de intermediarios. De la misma forma que internet nos ha permitido el intercambio de información no estructurada de forma ágil, blockchain nos permitirá intercambiar datos estructurados entre usuarios de una manera muy eficiente.

¿Quieres pruebas de lo que te estoy diciendo? Debes saber que las propias entidades financieras han creado el consorcio R3 para analizar cómo integrar el blockchain en la banca tradicional (y no perder posicionamiento y/o cuota de mercado por el uso creciente de esta tendencia tecnológica). De hecho, han desarrollado soluciones propias basadas en un "libro de contabilidad autorizado" (llamado "permissioned ledge" en inglés). En dicho libro, a diferencia de bitcoin, se identifica a los usuarios que realizan transacciones (algo estrictamente necesario para ellos). Es decir, la Banca está invirtiendo a gran escala en esta tecnología porque es consciente de que nadie podrá frenar su uso y puede poner en riesgo su posición de liderazgo en el sector financiero.

Ahora que ya conoces los conceptos clave blockchain, empecemos a pensar en ganar dinero. ¿Se te ocurre alguna idea de negocio basada en los diferentes componentes de blockchain que te he explicado? Bien, no es difícil. Por ejemplo, una plataforma que soporte el comercio electrónico del futuro. En unos años, el usuario comprará un producto, la plataforma blockchain se conectará con las empresas de mensajería, y, una vez recibido el producto por el comprador, se transferirán automáticamente los fondos a la cuenta del vendedor. Todo automáticamente y sin riesgo para el que compra.

DISEÑO DE MODELOS DE NEGOCIO CON CANVAS

Este apartado del libro suele ser común a todos los de la colección de "Creación de modelos de negocio de éxito basados en…".

Sin embargo, no te preocupes, el caso de estudio que vamos a utilizar para explicar el modelo de negocio Canvas es diferente, lo que te permitirá repasar lo que ya conoces y continuar profundizando en el aprendizaje de esta metodología.

En uno de sus artículos titulados "¿Qué es un modelo de negocio?", la revista Harvard Business Review ofrece varias definiciones y reflexiones muy interesantes sobre este término.

En primer lugar, el texto hace una referencia al libro "The New New Thing: A Silicon Valley Story", donde Michael Lewis se refiere al modelo de negocio como "una forma de arte…. y, como el arte mismo, es una de esas cosas que muchas personas sienten que pueden reconocer cuando la ven (especialmente si es particularmente bueno o malo), pero que no pueden definir del todo".

Otra definición interesante de Lewis proporcionada en el mismo artículo es la siguiente: "cómo tienes planeado hacer dinero".

Sin embargo, una definición que a mí me gusta especialmente es la de modelo de negocio como "la lógica de cómo un negocio crea, captura y entrega valor" (Osterwalder 2010, 14).

Por lo tanto, ahora que ya sabemos qué es un modelo de negocio, vamos a explicar en detalle la metodología que usaremos a lo largo del libro para crearlos.

Hay muchas formas de crear un nuevo modelo de

negocio, pero la metodología Canvas creada por Alexander Osterwalder es una de las mejores que existe y es la que vamos a utilizar en este libro. De acuerdo con Osterwalder, "un modelo de negocio es realmente un conjunto de suposiciones e hipótesis". Canvas es, por lo tanto, una herramienta para desarrollar modelos de negocio que permite describir de forma lógica y eficiente la forma en que las organizaciones crean, capturan y entregan valor (Osterwalder 2010, 14). Esta metodología nos permite desarrollar nuestro propio modelo de negocio y ayudarnos a validar su viabilidad de mercado, operativa y financiera. El modelo en cuestión se basa en diseñar los diferentes componentes de un negocio según se presentan en el siguiente gráfico:

Socios clave	Actividades clave	Propuesta de valor	Relaciones con clientes	Segmentos de clientes
	Recursos clave		Canales	
Estructura de costes			Flujo de ingresos	

Business Model Canvas - Strategyzer.com (https://strategyzer.com)

Empecemos por la Propuesta de valor que está en el centro del dibujo, es decir, lo que te hace especial en el mercado, el valor que aportas a tus clientes (a lo largo del libro voy a referirme siempre a los elementos que forman parte del modelo Canvas utilizando la primera letra en mayúsculas).

Esa Propuesta de valor es lo que tienes que entregar a tus clientes, que forman parte de unos Segmentos (agrupaciones determinadas) y con los que vas a establecer un conjunto de Relaciones. Y para hacer eso, vas a tener que utilizar unos Canales determinados (todo ello ubicado en el lado derecho del dibujo).

Para conseguir todo lo anterior, tendrás que desarrollar una serie de Actividades clave, utilizando Recursos clave y apoyándote en Socios clave. Y, finalmente, tu negocio implicará una Estructura de costes que producirá un Flujo de ingresos (recuerda, "cómo tienes planeado hacer dinero").

Veamos la utilidad del enfoque de Osterwalder con un ejemplo práctico. Antes hemos hablado de la posibilidad de crear una solución basada en blockchain que permita transferir dinero a un monedero de un vendedor, únicamente cuando se verifique que el comprador ha recibido el producto. Piensa ahora en crear una empresa alrededor de esa idea. ¿Sabes por dónde empezar? Puedes empezar a desarrollar tu modelo de negocio contratando a una consultora para que escriba un plan de quinientas páginas (o más…) o utilizar la metodología Canvas para responder de forma eficiente y ordenada a las diferentes preguntas que te permitirán construir el modelo de negocio.

En mi opinión, la mejor opción es esta última porque te proporciona adaptabilidad, claridad y foco, tres temas clave en el arranque de cualquier negocio.

Adaptabilidad, porque es más fácil readaptar tu modelo de negocio si lo tienes escrito en una única hoja.

Claridad, porque los inversores se sentirán más confortables con un modelo de negocio concreto y orientado a resultados, como el que te facilitará la aplicación de Canvas.

Y, finalmente, Foco, porque te permite centrarte en lo

que realmente importa, no desviar tu atención en el desarrollo de un plan de negocio demasiado extenso y que en unas semanas puede estar anticuado.

A continuación, vamos a describir los diferentes componentes de la metodología Canvas, incluyendo para cada uno de ellos su aplicación práctica a un caso de estudio específico. Por otro lado, cabe decir que Canvas no es lineal. Puedes empezar por reflexionar sobre uno de sus componentes y volver a él una vez hayas terminado con otros elementos del modelo.

De forma general, Canvas se compone de:

—Propuesta de valor: el conjunto de productos y servicios que crean valor para un Segmento de clientes específico. El objetivo es solucionar los problemas de los clientes y satisfacer sus necesidades.

—Segmentos de clientes: los diferentes grupos de personas u organizaciones a las que dirigimos la propuesta de valor. Se trata, en definitiva, de responder a la pregunta, ¿para quiénes creamos valor?

—Relaciones con clientes: los diferentes tipos de relaciones de la empresa con cada cliente, relaciones que se establecen y mantienen de forma independiente para cada Segmento. En función de cada cliente, adaptaremos nuestro enfoque de aproximación al mercado.

—Canales: canales de comunicación, distribución y venta; la forma en que la empresa establece contacto con los diferentes clientes para entregarles la propuesta de valor.

—Actividades clave: son las acciones que deben ejecutarse para implantar el modelo de negocio. Para garantizar que tendremos éxito, debemos estar seguros de que contamos con las capacidades necesarias (Recursos clave y Socios clave).

—Recursos clave: los activos necesarios para implantar

el modelo de negocio, incluyendo las personas, las capacidades organizativas, operativas y tecnológicas.

—Socios clave: incluye los socios, los proveedores, los "externos" que necesitamos para desarrollar con éxito el modelo de negocio.

—Estructuras de coste: la puesta en marcha de un negocio tiene unos costes asociados que hay que determinar en detalle durante la fase de definición del modelo de negocio.

—Flujos de ingresos: se generan cuando los clientes compran y pagan por los productos y servicios que ofrece la empresa. Es la base del éxito de cualquier modelo de negocio ("hacer dinero").

Antes de empezar a definir los diferentes componentes de Canvas enumerados anteriormente, vamos a plantear el caso de estudio.

En este libro, nuestro caso de estudio va a ser YouTube Music (YTM), una exitosa plataforma de música digital, propiedad de google (o Alphabet).

En los últimos años, la industria discográfica ha sufrido un cambio radical. Además de la desaparición de los casetes, los vinilos y los CDs, las grandes tecnológicas han venido a reemplazar a las discográficas del pasado como Warner o Sony Music.

¿Por qué? Porque aunque la función de las discográficas sigue siendo encontrar al artista emergente capaz de vender millones de copias, el verdadero valor lo tienen las tecnológicas ofreciendo las herramientas necesarias para que dicho artista se convierte en viral, y produzca millones de descargas y/o escuchas por segundo.

El origen de esta tendencia está en Spotify, una plataforma de música a la carta cuyo modelo de negocio es el llamado freemium (más adelante, te hablaré de los principales modelos de negocio para tus startups de blockchain).

Spotify no fue la primera plataforma que ofreció música en streaming, pero sí la que ha logrado tener un mayor éxito.

A principios de los 2000, cuando se pirateaba música usando Emule e iTunes empezaba a ser conocido, la empresa sueca convenció al mundo de las ventajas de escuchar música en la nube, es decir, sin necesidad de tener una copia en el disco duro.

Además, ofrecieron este servicio de forma gratuita (modelo de negocio llamado free). Sin embargo, si querías disfrutar de determinados privilegios (servicios premium como, por ejemplo, que la publicidad no terminará con el éxtasis provocado por un solo de guitarra de AC/DC), debías pagar una cuota mensual. La mayor parte de sus competidores les llamaron locos, pero su fórmula ha demostrado tener éxito y ha sido copiada por otras plataformas multimedia como Netflix. De hecho, según publicaba recientemente el diario Wall Street Journal, la compañía supera ampliamente los 100 millones de usuarios, el 50% consumen servicios premium, y sigue creciendo. Todo ello con una cartera de canciones que, según Spotify, supera los " 35 millones".

El primer competidor tecnológico de Spotify fue Apple, con su plataforma Apple Music. El hecho de pertenecer a una de las principales empresas americanas cotizadas, le permitía disponer de contenidos exclusivos de artistas de primera línea (p.e. U2). En la actualidad, aunque Apple está lejos todavía del número de usuarios de Spotify, su ritmo de crecimiento es alto y llegará el momento en que su cuota de mercado será similar.

Después de Apple, le llegó al turno a google, con su plataforma YouTube Music, que es la que analizaremos en este caso de estudio.

YouTube es la plataforma que usan la mayoría de los adolescentes para escuchar música (en porcentajes cercanos al 70%). Por lo tanto, era cuestión de tiempo que ofreciera música en Streaming bajo un modelo de negocio Freemium (convirtiéndose en competidor de Spotify y Apple Music).

Su interfaz gráfica está basada en la de Youtube y, por lo tanto, tiene un nivel de usabilidad similar al de sus competidores.

La calidad de sonido suele oscilar entre los 64 y los 256Kbps, dato que, por ejemplo, es inferior a los 300Kbps que puede ofrecer Spotify.

A nivel de catálogo musical, el número de canciones es superior al de Spotify y Apple en más del 40% (en su momento se hablaba de 50 millones de canciones frente a los 35 de Spotify).

Sin embargo, hay algo en lo que Youtube Music es claramente la mejor plataforma de música en Streaming. ¿Lo adivinas? Se trata del motor de búsqueda, realmente excepcional y soportado en algoritmos de google de inteligencia artificial. Por ejemplo, la plataforma es capaz de encontrar canciones sin decirle el nombre, basta indicarle o incluso cantarle parte de su estribillo. Además, sus algoritmos de aprendizaje automático (machine learning) te proponen nuevos temas con un elevado grado de acierto.

Bien, una vez revisada la plataforma Youtube Music, veamos el primer componente del modelo de negocio Canvas, la Propuesta de valor.

De forma sencilla, se podría decir que es aquello que te hace diferente de la competencia (en este caso, Spotify y Apple Music). Sin embargo, hay un matiz en esta definición. En realidad, es mejor decir que la Propuesta de valor es aquello que te hace diferente y por lo que tu cliente está dispuesto a pagar. Este es un punto crítico en la definición de cualquier modelo de negocio. Mucha gente cree que tiene la idea del siglo, pero, demasiado tarde, se da cuenta de que ningún cliente está dispuesto a pagar por ella.

Por lo tanto, una Propuesta de valor eficiente necesita un cliente que la compre. Piensa en ti mismo, ¿estarías dispuesto a pagar por cualquier idea que te parezca interesante? De hecho, piensa en WhatsApp. ¿Pagarías por usar esa aplicación? Posiblemente no, y por esta razón su modelo de negocio no se basa en conseguir dinero directamente de los usuarios.

Volvamos al caso de Youtube Music. Se podría decir que la Propuesta de valor de esta plataforma es "la posibilidad de escuchar música en cualquier lugar y en cualquier momento; posibilitando además el descubrimiento automático de nuevas bandas alineadas con los gustos musicales del usuario". Fíjate que la propuesta de valor destaca aquello en lo que YTM es mejor que sus competidores: los algoritmos de inteligencia artificial para buscar en el catálogo musical y/o recibir propuestas de la plataforma. En general, como recomendación, te diría que para encontrar una Propuesta de valor eficiente te plantees preguntas como la siguiente: ¿podemos hacer mejor algo que se hace de una determinada manera?

¿Pagarán los clientes por usar esta plataforma? Está claro que sí, de hecho millones de usuarios están pagando 9,99$ mensuales por disponer de los servicios Premium.

Las preguntas clave que se deben responder en el Canvas con respecto a la Propuesta de valor son:

—¿Qué problema y necesidades del cliente resolvemos? La posibilidad de escuchar música en cualquier momento, en cualquier lugar, sin necesidad de disponer de una copia local de los archivos.

—¿Qué productos y servicios ofrecemos para conseguirlo? Plataforma tecnológica de música en streaming e inteligencia artificial para búsquedas.

—¿Qué valor entregamos a los clientes? Música en streaming adaptada a las preferencias musicales del usuario.

—¿Cuál es el valor percibido por los clientes? Acceso a bajo precio (incluso gratis) a un amplio catálogo de canciones, en lugar de tener que pagar por cada álbum o canción.

—¿Nuestro modelo de negocio cubre todos los requerimientos de nuestros clientes? Sí. Cubre incluso requerimientos de búsqueda inteligente con funcionalidad que no ofrecen los competidores de YTM.

—¿Qué puede hacer que un cliente se vaya a la competencia? Mejor precio por mayor funcionalidad de la plataforma musical.

Continuemos con los Segmentos de cliente. La Propuesta de valor es importante, pero no más que los clientes (como hemos dicho antes, ambos componentes se necesitan). Los clientes son la clave de cualquier modelo de negocio, porque sin ellos no hay ingresos, no hay negocio. Y, aunque esta realidad puede parecer obvia, muchos emprendedores la olvidan.

En numerosas ocasiones, ingenieros magníficos pasan años en su laboratorio desarrollando nuevos productos que nadie quiere. Son productos maravillosos —o eso les parece a ellos—, pero sin ningún interés comercial. Cuando finalmente deciden salir a buscar clientes, se dan cuenta de que la mayor parte de las funcionalidades que han desarrollado no las quiere nadie. Sin embargo, otras características de su producto que se podrían haber convertido en una fuente de ingresos, no las han construido. Por lo tanto, lo más importante es no enamorarnos de nuestra idea, y buscar siempre un Segmento de clientes sobre el que desarrollar nuestro modelo de negocio.

En el caso de YTM, se trabaja con dos segmentos de

clientes.

En primer lugar, tenemos a la comunidad de usuarios de Youtube que son candidatos a utilizar la plataforma de videos también como solución de música en streaming (especialmente, adolescentes y jóvenes). Un porcentaje de ellos (se suele hablar de un 25%) se convertirán en usuarios freemium de la plataforma y pagarán por usar sus servicios.

En segundo lugar, están las marcas que buscan la forma de llegar a esa comunidad de usuarios a través de anuncios en la plataforma. El 75% de esos usuarios, todos los que no son premium, se verán obligados a ver publicidad, y las marcas pagarán por disponer de la oportunidad de ser escuchadas.

Así pues, los dos segmentos de clientes de YTM son los usuarios (premium o no) y las marcas que se anuncian.

En general, no hace falta que trates de abarcar todos los Segmentos de clientes posibles en tu negocio. Focalízate y empieza por los que creas que puedes tener mayor éxito. Por ejemplo, en el caso de YTM, los jóvenes que ya eran usuarios de Youtube tenían una alta probabilidad de convertirse en clientes de Youtube Music.

Las preguntas clave que se deben responder en el Canvas con respecto a los Segmentos de cliente son:

—¿Cuáles son los Segmentos de cliente objetivo? En el caso de YTM, consumidores finales (es un modelo de negocio Business to Consumer o B2C —en contraposición con el Business to Business o B2B).

—¿Quiénes son nuestros clientes más importantes? Los jóvenes que también son usuarios de Youtube.

—¿Dichos clientes estarán aquí los próximos diez años? Sí, siempre y cuando ofrezcamos funcionalidad adaptada a la edad del cliente.

Otro aspecto muy importante del modelo de negocio es el tipo de Relaciones que quieres establecer con cada uno de tus Segmentos de clientes. Las Relaciones pueden ser personales, automatizadas, a través de terceros (externalizadas), personalizadas (a un solo cliente), colectivas (a comunidades de usuarios), etc. La clave aquí es determinar cómo vas a conectar tu Propuesta de valor con el cliente. Está claro que la estrategia de Relaciones con clientes de Starbucks es diferente a la de Facebook.

En el caso de YTM, la plataforma se sustenta en relaciones automatizadas. Los clientes descargan el software en línea y lo configuran de acuerdo con sus preferencias (p.e. el tipo de música que les gusta escuchar). En general, no hay un contacto directo entre la empresa y el usuario más allá del clásico esquema de soporte basado en bases de datos de conocimiento en línea.

Las preguntas clave que se deben responder en el Canvas con respecto a las Relaciones con clientes son:

—¿Qué tipo de Relaciones con clientes esperamos y cómo pretendemos mantenerlas? En el caso de YTM, se trata de relaciones automatizadas con escaso contacto entre la empresa y el cliente final. Sin embargo, el ofrecimiento de sugerencias musicales personalizadas (p.e. nuevas bandas de interés) garantiza que la fidelidad del usuario se mantendrá o incluso aumentará con el tiempo.

—¿Qué relaciones tendrán nuestros competidores con sus clientes? ¿Son las mismas que las nuestras? Los competidores (p.e. Spotify) tienen el mismo esquema de relación que YTM.

¿Te atreves a responder tú al resto de preguntas relacionadas con los Segmentos de cliente? Estoy seguro de que sí. Aquí las tienes:

—¿Quién influencia a nuestros clientes (líderes de opinión, usuarios clave)?

—¿Es la mejor forma de relacionarse?

—¿Qué tipos de relaciones crean el máximo valor para

nuestros clientes?

—¿Cómo identificamos los diferentes tipos de relaciones que espera nuestro cliente?

—¿Cómo potenciamos las relaciones deseadas?

Pasemos ahora a los Canales, el último elemento relacionado directamente con los clientes. Incluye la identificación de todos los Canales que vamos a utilizar para entregar a nuestros clientes la Propuesta de valor. Como explica Osterwalder, se pueden utilizar y combinar diferentes canales: directos e indirectos, propios y de socios.

Así pues, un modelo de negocio puede elegir y/o combinar entre una fuerza de ventas propia, un canal de comercio electrónico, una red de tiendas físicas propia o de terceros, el uso de distribuidores, etc. Cada uno de esos Canales presenta ventajas e inconvenientes. Por ejemplo, la red comercial propia permite mejorar nuestros márgenes, pero tiene unos costes mayores de implantación. El uso de distribuidores, sin embargo, nos permite ampliar nuestra capacidad de acceso al mercado sin incrementar los costes fijos (aunque perderemos la rentabilidad que se queda el distribuidor). Es importante que nuestro modelo de negocio encuentre el equilibrio entre los diversos tipos de Canales y los integre de la forma más eficiente.

¿Cuál crees que serán los Canales utilizados por YTM? Está claro, los canales principales son el sitio web corporativo, la aplicación de ordenador y la aplicación móvil.

¿Te atreves a responder al resto de preguntas clave sobre Canales para YTM? Aquí las tienes:

—¿A través de qué Canales quieren ser contactados nuestros clientes?

—¿Cómo se integran nuestros Canales?

—¿Cuál es el mejor Canal?

—¿Cuál es mejor desde una perspectiva de costes y eficiencia?

—¿Cómo estamos integrando los Canales en la rutina del cliente?

—¿Cómo mejoraremos el posicionamiento de nuestros productos y servicios?

—¿Cómo ayudamos a nuestros clientes a evaluar nuestra propuesta de valor?

—¿Cómo permitimos que los clientes compren un determinado producto o servicio?

—¿Cómo entregamos la propuesta de valor a los clientes?

—¿Cómo ofrecemos servicio postventa?

Veamos ahora al eje de los componentes clave no relacionados con los clientes. Empecemos por las Actividades clave.

El propio Osterwalder nos explica lo siguiente en su libro "Business Model Generation: A Handbook for Visionaries, Game Changers, and Challengers":

"La actividad clave del fabricante de software Microsoft es el desarrollo de software, mientras que la del fabricante de ordenadores Dell es la gestión de la cadena de suministros. A su vez, una de las Actividades clave de la consultora McKinsey es la resolución de problemas"

Si utilizamos la información de la propia web de Microsoft, podríamos decir además que esta compañía fue "fundada en 1975, y es el líder mundial en software, servicios, dispositivos y soluciones que ayudan a la gente y los negocios a alcanzar todo su potencial".

Pensemos ahora en Youtube Music. ¿Cuál es su Actividad clave? La respuesta es desarrollar una solución tecnológica que permita reproducir música en streaming y ayudar al usuario a encontrar los mejores temas en función de sus preferencias musicales. A nivel de componentes tecnológicos, hablaríamos de gestión de contenidos e inteligencia artificial como tecnologías clave.

Las preguntas que se deben responder en el Canvas con respecto a las Actividades clave son:

—¿Cómo producimos nuestros productos y servicios? Para el caso de YTM, podemos asegurar que todo el desarrollo de software se hace internamente.

—¿Qué competencias y Actividades clave requerimos? Necesitaremos competencias avanzadas en desarrollo de software para gestión de contenidos, buscadores e inteligencia artificial. Adicionalmente, para vender el producto necesitaremos también personal experto en marketing y operaciones.

—¿Nuestra cadena de valor hace uso de todas nuestras competencias? La respuesta es Sí. De hecho, YTM se apoya mayoritariamente en las capacidades de la empresa matriz del grupo, es decir, Google.

Para el desarrollo de las Actividades clave necesitas disponer de los Recursos clave. Hablamos de recursos organizativos (personas), operativos (procesos, tiendas, almacenes, etc.) y tecnológicos (p.e. plataforma de comercio electrónico, algoritmos de aprendizaje automático). Durante la definición del modelo de negocio es crítico que identifiquemos y detallemos los recursos que requerimos para su puesta en marcha. ¿Por qué? Porque esos recursos están directamente relacionados con las necesidades financieras para arrancar el negocio. Por lo tanto, en este componente del Canvas debes concretar si vas a necesitar o no un equipo de ventas propio, una red de tiendas propia, un sistema de comercio electrónico, unas capacidades logísticas específicas, etc.

Piensa en YTM, ¿te atreves a determinar sus Recursos clave? Para ello, deberás responder a las siguientes preguntas: ¿Qué Recursos clave sostienen nuestra oferta de productos y servicios en términos de Tecnologías de la Información? ¿Recursos humanos? ¿Equipamiento? ¿Procesos de negocio?

Una vez determinadas las Actividades clave y los Recursos clave asociados, analizaremos los Socios clave. Establecer acuerdos con terceros suele ser una estrategia muy adecuada para obtener la máxima eficiencia en el arranque de un negocio. Se trata de responder a la pregunta: ¿qué alianzas vas a constituir y por qué? En el caso de YTM, se podría decir que su principal socio es google, del que toman prestado la tecnología de su buscador y otras capacidades tecnológicas clave de la plataforma. Además, debemos considerar a los propios artistas y productoras musicales con los que se cierran acuerdos para reproducir sus temas en la plataforma.

Las preguntas que se deben responder en el Canvas con respecto a los Socios clave son:

—¿Qué nos ofrecen ellos?

—¿Qué les ofrecemos nosotros?

—¿Qué relación tienen con nuestro negocio?

—¿Quiénes son nuestros socios más importantes?

Pasemos ahora a la construcción del modelo de negocio a nivel financiero.

Empecemos por la Estructura de costes. Se trata de determinar cuánto cuesta establecer el negocio y mantenerlo operativo. Para ello, es importante que entendamos bien cuál es nuestro modelo de negocio desde una perspectiva de costes.

En general, podemos hablar de dos tipos de costes: los fijos y los variables.

Los primeros, son los que son independientes del flujo de ingresos del negocio. Veamos algunos ejemplos: el alquiler de la oficina, los costes de comunicaciones, las inversiones en marketing, etc. Este tipo de costes se pueden planificar fácilmente para garantizar las operaciones básicas de nuestra compañía.

Los segundos, son dependientes del flujo de ingresos y ventas. Por ejemplo, los costes de fabricación del producto, los costes logísticos, los impuestos, etc.

Las preguntas clave que se deben responder en el Canvas con respecto a la Estructura de costes son:

—¿Cuáles son nuestras palancas de coste?

—¿Se pueden optimizar los costes del negocio sin perder valor?

Y, finalmente, hablemos ahora de los Flujos de ingresos. Son la consecuencia de todo lo demás, el resultado de un trabajo bien hecho. En algunos casos se puede montar un proyecto sin tener claros los Flujos de ingresos. Este es el caso, por ejemplo, de Twitter o Facebook. Ambas compañías empezaron ofreciendo el servicio sin generar Flujos de ingreso. ¿Por qué? Porque, a diferencia de la mayoría de empresas que comienzan, ambas nacieron con un gran volumen de fondos procedente de grupos de Capital riesgo. Años más tarde, fue cuando empezaron a pensar en rentabilizar su base de usuarios (cabe decir que Facebook lo hizo con mayor éxito que Twitter).

Si no eres ninguno de estos unicornios es clave que definas en Canvas tus Flujos de ingresos. ¿Por qué? Porque normalmente no nacerás con tanta financiación y deberás facturar a tus clientes lo más rápido posible, y porque los inversores no suelen capitalizar una compañía si no ven claro el modelo de negocio y la forma en la que vas a ganar dinero real.

Las preguntas clave que se deben responder en el Canvas con respecto a los Flujos de ingresos son:

—¿Cuáles son los Flujos de ingresos de la compañía? En el caso de YTM, sería el pago por suscripción.

—¿Por qué se generarán beneficios? Por la diferencia

entre los costes de desarrollo y mantenimiento de la plataforma y el pago por uso de los suscriptores.

—¿Cuánto está dispuesto a pagar el cliente por nuestros productos y servicios? El margen de precios de YTM es similar al de sus competidores, como Spotify o Apple Music.

Un aspecto clave a analizar en relación con los ingresos y costes es la escalabilidad del negocio. ¿Qué es la escalabilidad? Respondamos a esta pregunta mediante un sencillo ejemplo.

Pensemos en Youtube (YT, que está en el origen de Youtube Music). Comprada por Google en el año 2006, esta compañía ha diversificado enormemente su negocio desde entonces. En este momento, YT obtiene ingresos de la transmisión de eventos masivos (p.e. es la plataforma de transmisión en vivo para cadenas muy relevantes de los Estados Unidos), la producción de películas y series originales para su sitio gratuito, la creación de contenido de pago para su servicio por suscripción de YouTube Red, y, principalmente, la capitalización de sus videos.

Pensemos en este último generador de ingresos: los videos de Youtube. En caso de que Youtube quiera vender sus servicios de publicidad a más clientes, ¿necesita más empleados? ¿Necesita invertir más dinero? La respuesta es No. Youtube es un negocio tecnológico y, por lo tanto, muy escalable. Una vez ha invertido en la infraestructura tecnológica (hardware y software), puede atender a más clientes sin necesidad de contratar a más empleados. Pensemos ahora en una consultora. Para ganar más dinero, ¿necesita más consultores? La respuesta es sí. Para desarrollar más proyectos y ganar más dinero necesita ampliar la fuerza de trabajo. Es, por lo tanto, un negocio no escalable.

En el caso de las startups de blockchain, te quiero hacer

en este punto una recomendación clara: trata de desarrollar siempre modelos de negocio escalables. Es lo que persigue cualquier inversor. Menos riesgo y mayor potencial de crecimiento. Por ejemplo, es fácil pensar en crear una empresa de programación alrededor de blockchain. Empiezo con cinco programadores y me dedico a vender proyectos para resolver diferentes retos de negocio de las empresas. ¿Es escalable? Claramente, no (si quiero ganar más dinero necesito más programadores). ¿Tiene interés para un inversor potencial? Para mí, por lo menos, no lo tiene, o no lo tiene tanto.

Piensa ahora en una solución de blockchain capaz de servir a un cliente, o a un millón de clientes, sin aumentar los costes operativos. Este modelo de negocio sí es escalable y tiene más interés para los inversores. Más adelante veremos ejemplos de este tipo de negocios.

Volvamos ahora al caso de estudio: Youtube Music. En principio, no conocemos el detalle de la Estructura de costes y los Flujos de ingresos de YTM, aunque sí sabemos que la empresa matriz, Alphabet, es altamente rentable y difícilmente mantendría una unidad de negocio que no lo fuera.

Veamos a continuación una presentación general en formato Canvas del modelo de Negocio de YTM:

Socios clave	Actividades clave	Propuesta de valor	Relaciones con clientes	Segmentos de clientes
Google (Alphabet) Artistas Productoras musicales	Desarrollar una solución tecnológica que permita reproducir música en Streaming + Inteligencia artificial para ofrecer nueva música al usuario.	La posibilidad de escuchar música en cualquier lugar y en cualquier momento, posibilitando además el descubrimiento automático de nuevas bandas alineadas con los gustos musicales del usuario.	Relaciones automatizadas con escaso contacto entre la empresa y el cliente final.	La comunidad de usuarios de Youtube. Las marcas que buscan la forma de llegar a esa comunidad de usuarios a través de anuncios en la plataforma.
	Recursos clave Equipo de diseño y desarrollo de soluciones de música en streaming integradas con IA.		Canales El sitio web corporativo, la aplicación de ordenador y la aplicación móvil.	
Estructura de costes		Flujo de ingresos		
Costes de diseño, fabricación y comercialización de la solución YTM.		Pago por suscripción de los usuarios Freemium.		

Business Model Canvas - Strategyzer.com (https://strategyzer.com)

Antes de pasar al siguiente capítulo te quería hacer una pregunta. ¿Te atreves a utilizar Canvas para desarrollar el modelo de negocio de nuestra startup de blockchain de créditos al consumo? Recuerda que ofrecía una solución de crédito entre consumidores a un tipo de interés siempre inferior al bancario, y donde el deudor podía devolver el préstamo en especies. En caso de que no te atrevas, no te preocupes, en los siguientes apartados vamos a desarrollar un modelo de negocio innovador soportado en blockchain.

MODELOS DE NEGOCIO DE ALTO POTENCIAL

En el apartado anterior, te he explicado los diferentes componentes de Canvas. Antes de empezar el caso práctico, te voy a hablar de los modelos de negocio más eficientes que existen en la actualidad. Lógicamente, te hablaré del concepto, el detalle del modelo es algo que debes desarrollar durante la creación del Canvas correspondiente.

Empecemos por uno de los principales modelos de negocio en el mundo digital. Se trata del modelo Free. Este modelo de negocio está en la clave del éxito, por ejemplo, de Facebook. Sus usuarios pueden utilizar la plataforma de forma gratuita, pero las empresas deben pagar por hacer publicidad en la misma.

El siguiente modelo es también ampliamente conocido. Se trata de una evolución del modelo Free que se conoce como Freemium.

Un ejemplo sería Spotify (o el propio Youtube Music), donde millones de usuarios reciben de forma gratuita un producto. Todos estos usuarios son subvencionados por el resto (entre el 1% y el 5%) que pagan por tener un servicio adicional "premium" (de aquí el nombre de este modelo de negocio). La clave de este modelo es tener un volumen sustancial de usuarios, es decir, el objetivo debe ser siempre hacer crecer la base de usuarios y el valor absoluto de los que están dispuestos a pagar por el producto o servicio que ofrecemos.

Veamos un nuevo modelo, el de Suscripción, el de Netflix. Se trata de un modelo de negocio donde el usuario paga periódicamente porque percibe un valor relevante de la compañía (la Propuesta de valor de la que te he hablado anteriormente). La compañía dispone, por lo tanto, de clientes recurrentes que generan ingresos recurrentes (no hay servicios "free"). El negocio es mucho más simple de gestionar: controlo mis previsiones de ingresos con un grado de exactitud muy alto, conozco a mis clientes y puedo centrar mis actuaciones en retenerlos, tengo claro el valor aportado y la mejor forma de venderlo para ampliar mi base de clientes. Tengo que decirte que me encanta este modelo de negocio. Sin duda, uno de los mejores.

Pasemos ahora al modelo de "marketplace". Son aquellos negocios que, como mínimo, tienen dos Segmentos de clientes diferentes pero que necesitan que estén conectados. Un ejemplo sería el de las empresas fabricantes de consolas de videojuegos. Por un lado, tienes los consumidores de juegos y, por el otro, las empresas desarrolladoras. El problema de este modelo de negocio es el bloqueo que se puede producir. Si no tenemos usuarios dispuestos a usar la consola, no se crean videojuegos por parte de las empresas desarrolladoras. Si no se crean juegos no hay usuarios. Para salir de este bloqueo, es necesario que exista una inversión de partida (por ejemplo, para desarrollar un catálogo de juegos suficiente que permita atraer un volumen razonable de usuarios iniciales). ¿Se te ocurre otro ejemplo de Marketplace? Fácil, ¿no? El App Store de Apple.

El siguiente modelo es el llamado "Maquinillas y cuchillas de afeitar", que nació de la mano del fabricante de cuchillas Gillette. Esta empresa decidió regalar a los soldados que se iban a la guerra maquinillas de afeitar. El negocio estaba en que, al regresar a sus hogares, iban a ser compradores de las cuchillas (que son más caras y tienen mejor margen que las maquinillas). ¿Te suena este modelo de negocio? Recuerda Kodak con sus carretes fotográficos. Algo parecido hace también Nespresso, que te cobra proporcionalmente poco por la cafetera y mucho más por las cápsulas de café (que tienen mejor margen). Uno de los aspectos más interesantes de este negocio es su recurrencia, aspecto clave para los inversores junto con la escalabilidad que te he explicado anteriormente.

Hablemos ahora de Amazon y su modelo de negocio denominado Long tail. Se trata de un negocio que se sustenta por la compra de millones de productos pocas veces (lo que, en cualquier caso, supone un alto volumen de facturación). Por ese motivo, Amazon necesita tener un catálogo de productos muy extenso y una base de usuarios muy amplia. En general, si dispones de un catálogo de productos con millones de referencias, necesitarás un número muy elevado de afiliados que cobrarán comisiones en función de las ventas. En la metodología Canvas los afiliados serían los Socios clave.

Pasemos ahora a uno de los modelos de negocio preferidos por los inversores tecnológicos. Se trata del "Software as a Service" o SaaS, un modelo puramente online que ofrece un enfoque diferencial y muy eficiente a las empresas que desarrollan aplicaciones. Las empresas que ofrecen SaaS permiten a sus clientes pagar por las aplicaciones como si fueran un servicio. Por ejemplo, pagar por usuario, por transacción, etc. ¿Cuál es el punto fuerte de este modelo? Que es tremendamente escalable (para facturar más no hace falta incurrir en más costes) y recurrente (si el cliente está contento seguirá pagando y, además, lo hará de una forma muy previsible para la gestión financiera del negocio).

Y ahora le toca el turno a Uber, un modelo de negocio de tipo Peer to Peer. Se trata de una adaptación del clásico P2P que se usó en el pasado para compartir ficheros. Actualmente, este tipo de modelos permiten compartir activos (por ejemplo, coches o pisos) entre consumidores finales. En el caso de Uber, sus Socios clave actuales son los conductores. Sin embargo, en el futuro, dichos Socios se convertirán en Recursos clave de la compañía. ¿Sabes a qué me refiero? Efectivamente, pasarán a ser los coches autónomos propiedad de Uber.

Veamos ahora un modelo de negocio simple, pero que está teniendo una gran aceptación entre los clientes y los inversores. Se trata del comercio electrónico. Este tipo de negocios incorporan a la venta tradicional un componente relevante de potenciación de la compra mediante el uso de estrategias de marketing agresivas. Está claro que blockchain puede aportar un valor enorme a las iniciativas de este tipo. Un ejemplo de ello sería la conexión y el establecimiento de contratos inteligentes entre el vendedor, el comprador y las empresas de servicios logísticos.

Existen muchos más tipos de modelo de negocio como el que se basa en la exclusividad de los productos que se venden (Apple), el de hipermercado (basado en romper precios por volumen, por ejemplo, Wish), entre otros.

En los siguientes capítulos del libro, vamos a desarrollar un modelo de negocio completo para blockchain utilizando Canvas. Es muy importante que emplees el tiempo necesario para comprender cuál es la base de cada uno de ellos. Utiliza para ello los ejemplos que te he explicado en este apartado. Te darás cuenta de que nadie reinventa la rueda, la mayoría nos basamos en lo que otros ya han desarrollado con éxito.

RECOMENDACIONES PARA LA CREACIÓN DE MODELOS DE NEGOCIO

A continuación, te voy a mostrar un ejemplo de creación desde cero de un modelo de negocio soportado por blockchain. Para ello, trabajaremos con Canvas y los diferentes modelos que te he enseñado en apartados anteriores.

Para construir nuestro propio modelo de negocio basado en la metodología Canvas lo podemos hacer de diferentes maneras. No obstante, me gustaría hacerte diferentes recomendaciones para que tengas éxito.

En primer lugar, debes lograr que en el proceso de creación del Canvas participen todas las personas que conforman el proyecto empresarial. El proceso será más o menos rico en función del número y tipo de participantes. Cuanta más gente participe, cuánto más variadas sean las ideas, más disruptivo y potente será el modelo de negocio que se cree.

Por otro lado, en la sala de reuniones donde construyas el Canvas, cuelga un mural o póster con el esquema de nueve bloques. Deja que la gente escriba, borre y vuelva a escribir. Abre tu mente durante todo el proceso.

La siguiente recomendación tiene que ver con la obtención del primer Canvas. Cuando lo tengas, cuestiónalo, pruébalo. Es decir, no te quedes con la primera versión, trabaja versiones posteriores que seguramente enriquecerán el modelo de negocio y permitirán valorar mejor su viabilidad.

También dedícale el tiempo que sea necesario. Plantear un modelo de negocio viable y eficiente es la parte más importante del arranque de una empresa.

Seguramente te estarás preguntando, ¿cómo gestiono

todas las aportaciones del equipo? Bien, para ello te voy a enseñar a continuación un método que se llama Brainstorming.

Según Wikipedia, la técnica del brainstorming "fue ideada en el año 1919 por Alex Faickney Osborn, cuando su búsqueda de ideas creativas resultó en un proceso interactivo de grupo que generaba más y mejores ideas que las que producían los individuos trabajando de forma independiente; dando oportunidad de hacer sugerencias sobre un determinado asunto y aprovechando la capacidad creativa de los participantes".

Por lo tanto, el brainstorming se puede entender como un proceso colaborativo por el cual un grupo de personas interactúan con el objetivo de generar conjuntamente ideas sobre un tema concreto (en este caso sobre el modelo de negocio Canvas). Algo liado, ¿no? No te preocupes, te explico a continuación los pasos que debes seguir para llevar a cabo un brainstorming con el objetivo de generar un modelo de negocio basado en Canvas.

En primer lugar, es importante que identifiques quién será el facilitador del brainstorming (que debe ser una persona enérgica, buen comunicador y con las ideas claras). También necesitarás un espacio de trabajo y una pizarra o pared donde ir anotando las ideas que se van generando.

Por otro lado, trabaja con un equipo que conozca lo que es Canvas y que sea multidisciplinar (lo que enriquecerá el proceso, como te he explicado anteriormente).

Además, el reto planteado en el brainstorming debe ser conciso. Te recomiendo que formules la siguiente pregunta: ¿cuál puede ser el modelo de negocio asociado a una solución de blockchain para resolver <un reto específico de negocio o consumidor final>? Por ejemplo: ¿cuál puede ser el modelo de negocio asociado a una solución de blockchain para mejorar la eficiencia de una cadena de producción?

Durante los noventa minutos que suele durar la sesión de brainstorming, los participantes proponen sus ideas en relación con los diferentes componentes del Canvas y el facilitador las apunta en la pizarra. Es importante que las ideas no se critiquen, es decir, que todos los participantes apliquen un enfoque de "mentalidad del principiante".

Finalmente, cuando se termina el tiempo, se votan las mejores ideas entre todos. Es muy importante que el facilitador busque el consenso final del grupo en la selección de las mejores ideas.

Bien, una vez sabemos qué es blockchain, conocemos la metodología Canvas y cómo desarrollarla, vamos ahora a trabajar en el diseño práctico de un nuevo modelo de negocio soportado en esta tendencia tecnológica.

CASO PRÁCTICO: NUEVO MODELO DE NEGOCIO BASADO EN BLOCKCHAIN

En esta lectura, vamos a generar un nuevo modelo de negocio soportado en blockchain. Para ello, en primer lugar, vamos a revisar las principales posibilidades ofrecidas por esta tecnología en el mundo empresarial.

Aunque, como te he explicado anteriormente, la cadena de bloques nació para posibilitar la implantación de una plataforma de criptomonedas sin intermediación bancaria, vamos a ver a continuación que su aplicabilidad puede ser mucho más extensa que la definida inicialmente.

Empecemos hablando de la Industria (recuerda todo lo que te he explicado acerca de la cuarta Revolución Industrial y el posible rol de blockchain en su puesta en marcha). A nivel industrial, existe una tremenda oportunidad para utilizar esta tecnología en, por ejemplo, la trazabilidad de piezas a lo largo de todo su ciclo de vida de producción.

Gigantes del tamaño de Airbus o Daimler están trabajando en ello con sus proveedores. Antes de blockchain, estas empresas podían conocer toda la información sobre una pieza mientras estaba bajo su control. Sin embargo, cuando dichas piezas abandonaban los almacenes dependían de la información de terceros. El uso de una plataforma de blockchain que integre a clientes y proveedores, les permitirá hacer que estos registren el código de cada pieza, sus datos asociados y posibles modificaciones que hayan realizado. Todo ello, con máximas garantías de confidencialidad, autenticidad, disponibilidad e integridad de la información.

De la misma forma, para empresas del sector consumo o farmacia, se están empleando las capacidades de blockchain para certificar el origen de un medicamento o alimento, garantizando su trazabilidad a lo largo de toda la cadena de suministro. Para ello, se combina esta tecnología con otras tendencias tecnológicas como el Internet de las Cosas (Internet of Things). Un ejemplo de compañía que ha iniciado esta transformación digital es Walmart.

En el sector asegurador, podríamos hablar del uso de los contratos inteligentes (smart contracts, de los que te he hablado anteriormente) para crear seguros inteligentes. Por ejemplo, un seguro donde un viajero que ha cancelado un vuelo por una razón cubierta en la póliza reciba inmediatamente su reembolso. El contenido de la póliza y los motivos de cancelación cubiertos por la misma, formarían parte del seguro inteligente.

Hablemos ahora del sector sanitario. Una de las principales aplicaciones de blockchain en este sector sería la construcción de una Historia Clínica Electrónica (Electronic Health Record) única. El paciente solicitaría el registro de transacciones médicas en la plataforma y los mineros realizarían el proceso que te he explicado anteriormente para certificar los datos. ¿Sabes quiénes serían dichos mineros? Fácil, las diferentes organizaciones sanitarias donde el usuario ha sido o puede ser atendido.

Finalmente, hablemos de Sector Público. Un blockchain público podría permitir a los ciudadanos cumplir con sus obligaciones de forma automática mediante el establecimiento de contratos inteligentes con la administración. Todo ello, de forma más eficiente, transparente y segura de lo que se hace actualmente.

Es importante destacar en este punto la iniciativa Bitnation. Esta es una idea que me apasiona, la existencia de una futura nación "descentralizada, voluntaria, libre de fronteras y basada en blockchain". En este momento, Bitnation ya ha dado lugar al primer certificado de nacimiento soportado por blockchain. ¿Quieres crear un modelo de negocio para esta nación y convertirte en uno de sus ciudadanos más populares?

Hay muchos otros ejemplos de modelos de negocio para blockchain: en ONG's (mejorando sus ingresos al eliminar comisiones de los intermediarios), en la Banca (ya te he hablado de ello anteriormente), etc. No obstante, cabe destacar que su implantación no será tarea fácil porque, además de enfrentarse a los retos propios del mercado, deberá tener en cuenta a los intermediarios, que se negarán a desaparecer y pondrán muchas trabas a la extensión de esta tecnología.

Sin embargo, me atrevería a decir que ahora es el momento de crear un modelo de negocio de éxito basado en blockchain y pasar a formar parte de esta nueva revolución industrial.

Y eso es lo que vamos a hacer ahora. Vamos a crear un modelo de negocio para el sector salud, en concreto, para el ámbito de la genómica. Recuerda lo que te he dicho antes: "un modelo de negocio es realmente un conjunto de suposiciones e hipótesis".

Empecemos pues a desarrollar las nuestras. En los últimos años, se han producido avances muy importantes en la comprensión del genoma humano que nos permiten avanzar en la utilización del diagnóstico personalizado basado en la genómica. Dicho diagnóstico puede utilizarse para:

—Confirmar un diagnóstico clínico que pueda ser derivado de una enfermedad genética concreta.

—Detectar personas que tienen mutaciones genéticas de riesgo que se puedan trasladar a su descendencia.

— Detectar la presencia de anomalías en el feto incluso antes de su nacimiento (el llamado diagnóstico prenatal).

—Llevar a cabo un diagnóstico preventivo en personas

con familiares afectados de mutaciones genéticas de riesgo.

–Determinar si un paciente responderá adecuadamente a un medicamento en función de sus características genéticas.

Las pruebas genéticas son caras, y, por lo tanto, conviene almacenar sus resultados (millones de registros de datos) para su posible reutilización futura.

El modelo de negocio que vamos a crear se basa en el almacenamiento de pruebas genéticas de los pacientes en una plataforma blockchain. Dicha plataforma, utilizará la tecnología blockchain para garantizar la confidencialidad, autenticidad e integridad de las cadenas genómicas almacenadas y sus diagnósticos. A esta nueva iniciativa la vamos a llamar *GenomChain*.

Empecemos a trabajar los diferentes componentes de Canvas de GenomChain (los resultados expuestos aquí son fruto de diferentes sesiones de brainstorming desarrolladas con otros asesores de negocio).

En primer lugar, hablaré de la Propuesta de valor de GenomChain. ¿Recuerdas lo que es la Propuesta de valor? Es la razón por la que nuestros clientes pagarán por nuestros productos y servicios. En este caso, GenomChain ofrecerá un producto software basado en blockchain que permitirá a sus clientes almacenar y acceder con máximas garantías de seguridad a cadenas genómicas de pacientes junto con sus correspondientes diagnósticos.

Por ejemplo, imaginemos una organización sanitaria cliente de GenomChain que realiza una prueba genética de confirmación de un diagnóstico clínico de cáncer a un paciente. Gracias a GenomChain, el resultado de dicha prueba se podrá almacenar de forma totalmente segura en sus servidores (algo que ahora no se hace, las pruebas no suelen guardarse para posibles usos futuros).

Los nodos de la plataforma blockchain de GenomChain son todos los clientes de la empresa. Cada transacción que se almacena en la base de datos se realiza con los algoritmos que te he explicado anteriormente. De esta forma, se garantiza la inmutabilidad de los datos genómicos en el sistema.

Sigamos con la Propuesta de valor. Recuerda alguna de las preguntas clave en su definición: ¿Qué problema y necesidades del cliente resolvemos? ¿Qué problemas y servicios ofrecemos para conseguirlo? ¿Qué valor entregamos a los clientes?

Empecemos respondiendo a la primera pregunta, el problema de negocio que pretendemos resolver.

Como te he dicho antes, las organizaciones sanitarias no almacenan actualmente el resultado de las pruebas genómicas y, si lo hacen, no suelen utilizar plataformas seguras. GenomChain permitirá almacenar datos de diagnósticos genómicos en su plataforma blockchain, garantizando su confidencialidad, autenticidad e integridad.

Por otro lado, la evolución del diagnóstico genómico requiere trabajar con datos de millones de pacientes que permitan confirmar la correlación entre patologías y la existencia de determinadas mutaciones genéticas. Por ejemplo, si una organización sanitaria o una compañía farmacéutica pudieran acceder a datos genómicos masivos de pacientes, podrían realizar estudios para determinar el impacto de un gen en la posible aparición de una determinada patología (o en la respuesta positiva a un medicamento). Actualmente, los bancos de datos genómicos no son de uso extendido. GenomChain cubriría esa oportunidad de negocio.

Así puedes, GenomChain daría dos tipos de servicios:

–Una plataforma soportada en tecnología blockchain para almacenar datos genómicos de forma totalmente segura.

–Un servicio a demanda para proporcionar datos

genómicos anonimizados de carácter masivo.

Continuemos con el modelo Canvas de nuestra iniciativa. Pasemos ahora a los Segmentos de clientes. Como verás a continuación, existen varios,

En primer lugar, están los Hospitales, es decir, los proveedores de salud. Básicamente, utilizarán los servicios de GenomChain para almacenar las pruebas genómicas y/o para obtener los datos masivos necesarios para desarrollar labores de investigación y desarrollo (algo muy importante para la práctica clínica).

Luego tenemos la industria farmacéutica, posiblemente interesada en la disponibilidad de millones de registros genómicos que puedan ser utilizados en el proceso de diseño y creación de una nueva terapia génica.

Finalmente, podríamos hablar de las aseguradoras sanitarias que, como los Hospitales, podrían tener interés en ofrecer el servicio de almacenamiento genómico a sus pacientes.

¿Qué Relaciones estableceremos con todos ellos? (componente Relaciones con clientes del modelo Canvas). Pues bien, en principio, nuestros clientes se relacionarán con nosotros para coordinar el acceso al sistema GenomChain y el soporte en su uso diario.

Estas Relaciones se establecerán a través de diferentes Canales. En concreto, la fuerza de ventas de GenomChain que visitará a los clientes objetivo, y el centro de atención al usuario responsable de la resolución de posibles incidencias.

Pasemos ahora a las Actividades clave. La principal y más importante es el desarrollo de la plataforma de almacenaje seguro de pruebas genómicas. Para ello, debemos disponer de recursos especializados en la construcción de soluciones de genómica soportadas por blockchain (Recursos clave). Adicionalmente, nos interesará que los principales fabricantes de máquinas NGS (Next Generation Sequencing, máquinas de diagnóstico genómico), almacenen directamente sus resultados en nuestros sistemas en la nube. Para ello, cerraremos acuerdos con los principales proveedores de este tipo de soluciones (por ejemplo, Illumina), los llamados Socios clave en el modelo Canvas.

Terminemos el Canvas con la parte financiera del modelo de negocio. En relación con las Estructuras de coste, nuestros principales costes serán los derivados del desarrollo del software, el almacenamiento en la nube y la fuerza de ventas.

En relación con los Flujos de ingresos, la base de nuestra facturación será el pago de los diferentes tipos de cliente por el uso de nuestra plataforma. En concreto, nuestros clientes pagarán un importe por Terabyte (1024 Gigabytes) almacenado, con descuentos por volumen. ¿Recuerdas los modelos de negocio que te he explicado antes? ¿Cuál sería el de GenomChain? Efectivamente, se podría considerar que es un modelo de "Software as a Service" con contratos específicos con los diferentes clientes.

En el siguiente gráfico Canvas, tienes representado el modelo de negocio que hemos desarrollado.

Socios clave	Actividades clave	Propuesta de valor	Relaciones con clientes	Segmentos de clientes
Google (Alphabet) Artistas Productoras musicales	Desarrollar una solución tecnológica que permita reproducir música en Streaming + Inteligencia artificial para ofrecer nueva música al usuario.	La posibilidad de escuchar música en cualquier lugar y en cualquier momento, posibilitando además el descubrimiento automático de nuevas bandas alineadas con los gustos musicales del usuario.	Relaciones automatizadas con escaso contacto entre la empresa y el cliente final.	La comunidad de usuarios de Youtube. Las marcas que buscan la forma de llegar a esa comunidad de usuarios a través de anuncios en la plataforma.
	Recursos clave		Canales	
	Equipo de diseño y desarrollo de soluciones de música en streaming integradas con IA.		El sitio web corporativo, la aplicación de ordenador y la aplicación móvil.	

Estructura de costes	Flujo de ingresos
Costes de diseño, fabricación y comercialización de la solución YTM.	Pago por suscripción de los usuarios Freemium.

Business Model Canvas - Strategyzer.com (https://strategyzer.com)

Lógicamente, se trata de un ejemplo. En una iniciativa real debes llegar a un nivel mayor de profundidad y dar respuesta a todas las preguntas que te he explicado anteriormente. Por ejemplo, ¿cuál debería ser la integración concreta de nuestra solución con un proveedor NGS? ¿Podríamos hacer que los pacientes pagarán directamente por almacenar/recuperar sus diagnósticos (lo que nos llevaría a un modelo de negocio B2C)? Revisa todas las preguntas de Canvas y trata de responderlas antes de empezar a crear tu propio modelo de negocio.

CONCLUSIONES Y CIERRE

Hemos llegado al final del libro. Espero que te haya gustado y te sientas capaz de desarrollar tus propios modelos de negocio soportados en esa maravillosa tecnología llamada blockchain.

Para terminar, quería destacarte que el modelo de negocio Canvas (Business Model Canvas) está licenciado como Creative Commons. Disfrútalo y adáptalo libremente, siempre y cuando hagas referencia a **Strategyzer.com** (https://strategyzer.com) y compartas tu trabajo bajo la misma licencia.

ACERCA DEL AUTOR

Bert es un asesor de negocio e inversor privado con experiencia en la creación de modelos de negocio disruptivos basados en las nuevas tendencias tecnológicas. Durante los últimos quince años se ha dedicado principalmente a innovar modelos de negocio de compañías cotizadas y a ayudar a startups tecnológicas para que se muevan de la etapa de inversión inicial a la de crecimiento.

Entre sus libros cabe destacar los siguientes:

—*Creación de Modelos de Negocio de éxito basados en Blockchain*: Forma parte de la Nueva Revolución basada en la Cadena de Bloques.

—*Creación de Modelos de Negocio de éxito basados en Inteligencia Artificial*: Utiliza Machine Learning y Deep Learning para hacer crecer tu negocio.

—*Formula una Estrategia de Negocio Ganadora*: Aprende a formular Estrategias de Negocio de Éxito para impulsar el Crecimiento.

—*Formula una Estrategia Digital Ganadora*: Aprende a formular Estrategias Digitales de Éxito para hacer crecer tu Negocio.

www.ingramcontent.com/pod-product-compliance
Lightning Source LLC
Chambersburg PA
CBHW031539210526
45464CB00003B/1077